생각의 크기만큼 자란다

생각의 크기만큼 자란다

초판 1쇄 발행 2014년 11월 30일
초판 2쇄 발행 2015년 9월 10일

엮은이 장석만
펴낸이 이윤규

펴낸곳 유아이북스
출판등록 2012년 4월 2일
주소 서울시 용산구 효창원로 64길 6
전화 (02) 704-2521
팩스 (02) 715-3536
이메일 uibooks@uibooks.co.kr

ISBN 978-89-98156-25-1 43190
값 12,000원

생각하지 않으면 살아 있는 게 아니다

정보화 시대에서 사고력은 곧 창의력을 말한다. 넘치는 데이터와 정보를 어떻게 정리해 새롭게 적용하느냐가 성공의 관건이기 때문이다. 바꿔 말하면 일상을 뒤집어 볼 줄 아는 능력이 필요하다는 뜻이다. 앞으로 현대를 살아갈 10대들에게 가장 중요한 부분이기도 하다.

독일의 철학자 니체는 언제나 자신에게 도취돼 글을 썼다. 또 그렇게 해서 쓴 작품이 빨리 완성되기도 했다. 그의 작품 《차라투스트라는 이렇게 말했다》도 그랬다. 총 4부로 구성된 긴 분량의 작품으로 읽는 이에게도 상당한 시간이 필요하다. 그런데 3부까지 집필을 마친 시간은 불과 30일이었다. 어떻게 이런 일이 가능했을까. 이미 그렇게 할 수 있는 준비가 평소에 갖춰져 있었기 때문이었다. 보통 사람이라면 지나칠 작은 일도 그렇게 된 이유를 탐구하고 사유하는 습관이 그것이다. 이런 그의 단면을 보여주는 사건이 있다.

니체가 병에 걸렸을 때의 일이다. 한 친구가 문병을 와서 이렇게 말했다.

"방금 담당 의사를 만나고 오는 길이라네. 의사의 말이 자네가 얼마간은 아무 생각도 해서는 안 된다고 하더군. 조심하게나."

그러자 니체는 이렇게 대꾸했다.

"왜 내가 그래야만 하지?"

"무슨 소린가?"

친구는 놀라 소리쳤다.

"물론 자네 같으면 그럴 수도 있겠지. 자네는 생각을 '가지고' 있으니까. 하지만 나에게는 생각, 그것이 곧 나일세."

데카르트는 "나는 생각한다. 고로 나는 존재한다"고 말했다.

스스로에게 질문해 보자. 나는 존재하고 있는가? 제대로 사고하고 있는 것인가?

이 책은 위인의 에피소드를 통해 그 능력을 어떻게 키울 수 있는지를 고민했다. 부디 졸작을 통해 많은 독자들이 세상을 새롭게 바라보는 시각을 배울 수 있길 희망한다.

저자 장석만

CONTENTS

PART 3   스스로의 가치를 높여라

PART 6 세상을 바꾼 여성들

PART 7 그 밖의 이야기

PART 1

세상을 뒤집어 보다

창의력은 참신성과 창조성을 그 배경으로 한다. 창의는 전통에 대한 반역으로써 관계를 타파하는 지혜이고 용기이며 지능의 개척이다.

사람들의 뇌는 원래가 창조적이다. 대뇌는 능히 사유할 수 있고 사유는 능히 창의력을 높인다. 창조력이 있으면 자기의 내부와 외부, 그리고 세계를 바꿀 수 있다.

링컨_
돌덩이의 교훈

미국 16대 대통령 링컨의 유년 시절 이야기다.

그의 아버지는 링컨이 어린 시절 시애틀에 있는 거의 돌밭이나 다름없는 농장을 헐값에 사들였다. 하루는 어머니가 아버지에게 농장에 있는 돌덩어리들을 모두 치워버리는 것이 어떻겠냐고 말하자, 아버지는 옮길 수 있는 돌이었으면 전 주인이 벌써 옮겼지 왜 자신에게 팔았겠느냐며 극구 반대했다. 그런데 어느 해 아버지가 말을 사러 잠시 먼 길을 떠나 집에 계시지 않을 때였다.

때마침 링컨 형제를 데리고 농장에 일하러 갔던 그의 어머니는 이참에 농장에 있는 돌을 모두 치워버리자고 했다. 그들은 바로 계획을 실행에 옮겼다. 생각보다 시간은 오래 걸리지 않았다. 돌덩어리들은 불과 30cm만 파 내려가면 쉽게 옮길 수 있던 것이었다. 링컨은 이때 처음엔 힘들어 보이는 일이라도 막상 도전하면 그렇지 않을 수 있다는 사실을 깨달았다.

어떤 일을 할 때 아예 시작도 해 보지 않고 불가능하다고 생각해 일찌감치 포기하려는 사람이 있다. 불가능하다고 생각하면 정말로 불가능한 법이다. 흔히 사람들은 능력이 없다거나 혹은 조건이 여의치 않다고들 말하는 경우가 많다. 사실 이런 사람들은 스스로 자신이 할 수 없다고 한계를 정해놓고 금세 포기한다.

창의력의 기본 조건은 자신감이다. 그래야 자신의 잠재력을 최대한 발휘할 수 있다.

리바이 스트라우스_
금 캐는 사람을 캐다

19세기 중엽, 미국 캘리포니아주에서 금광이 발견됐다. 미국 전역의 수많은 사람들은 부자의 꿈을 안고 캘리포니아주로 몰려들었다. 리바이 스트라우스Levi Strauss도 그랬다. 그런데 관심사는 남들과 달랐다. 금을 캐기 위해서가 아니라 금을 캐는 사람들을 대상으로 장사하기 위해서였다.

아버지가 독일 상인이었던 그는 1847년에 미국으로 건너와 뉴욕에서 의류 장사를 하고 있었다. 금광이 발견된 후 캘리포니아로 옮긴 그는 동부에서 조달한 의류와 잡화 판매를 시작했다. 모이는 사람의 수에 비해 기초 생활용품이 부족했던 터라 비즈니스는 그런대로 괜찮았다.

그러던 어느 날 "힘들게 일을 하다 보니 바지가 금방 망가진다. 차라리 튼튼한 텐트용 천으로 옷을 만들면 어떨까"하는 말을 듣게 됐다. 스트라우스는 무릎을 쳤다. 그러고는 프랑스 남부 지방의 '님 Nimes'이라는 작은 소도시에서 생산됐던 천막용 소재로 바지를 만들기 시작했다. 바로 우리가 아는 데님 serge de Nimes 소재인 청바지인 것이다. 결과는 엄청났다. 사람들이 마치 유니폼처럼 청바지를 입기 시작했다. 이런 배경에서 탄생한 회사가 그 유명한 '리바이스'다.

자신이 처한 위치에서 주위를 세심하게 관찰하고 분석하면 어떤 아이디어가 번쩍 떠오를 때가 있다. 아이디어를 환경에 맞춰 실행하게 되면 언젠가 꿈을 성취할 날이 온다. 평범했던 과거가 가고 특별한 미래가 다가오는 것이다. 이렇게 되면 이전보다 좀 더 다채로운 삶을 살아가는 게 가능해진다.

지미 라이_
불행하다고 포기 말라

홍콩의 미디어 재벌이자 유명 패션 브랜드, 지오다노Giordano를 창업한 지미 라이Jimmy Lai Chee Ying. 그는 태생부터가 불법 체류자였다. 광저우에서 태어나 초등학교 졸업 학력이 전부였던 그는 12살 때 무작정 홍콩으로 건너가 공장에서 일을 했다. 그러던 중 우연히 공부의 중요성에 대한 이야기를 듣게 되었다. 그 후 지미는 큰 인물이 되겠다는 포부로 일이 끝난 후 틈틈이 공부했다. 더 나은 미래를 위해 그야말로 주경야독을 몸소 실현했던 것이다.

그러던 중 한 회사에서 소매小賣 경리 일을 하면서 비즈니스 감각에 눈을 떴다. 주식 투자로 적지 않은 돈을 벌어들이며 창업가의 꿈을 갖기 시작했다. 그는 1970년 섬유 생산 하청업체인 코미텍스를 설립하면서 본격적으로 섬유 업계에 뛰어들었다. 섬유업의 호황으로 적지 않은 돈을 벌게 되었고, 10년 뒤 비즈니스 혁신을 위해 새로운 도전을 시도했다. 바로 지오다노 브랜드를 론칭한 것이다.

지오다노란 이름은 지미가 미국에서 우연히 들렀던 레스토랑에서 따 왔다. 음식도 서비스도 최고인 식당이었다. 왠지 모를 전율을 느낀 지미는 그 식당 이름을 자신이 계획한 브랜드 이름으로 정했다. 이 이름이 특별한 느낌을 준다는 건 나중에 알게 되었다.

지오다노는 19세기 이탈리아의 작곡가 Giordano Umberto, 1867~1948 이면서, 16세기를 살았던 이탈리아 철학자이자 성직자의 이름 Bruno Giordano, 1548~1600 이기도 하다. 17세기 이탈리아의 서양화가 이름 Luca Giordano, 1634~1705 도 지오다노다. 특히 아시아 지역에서 선풍적인 인기를 끌었던 패션 브랜드 사업은 미디어 거물로 향하는 새로운 꿈의 도약대가 되었다. 그리고 오늘날 홍콩의 최대 미디어 그룹인 넥스트미디어 Next Media 를 설립할 수 있었다.

이 그룹은 홍콩과 타이완에서 애플지 Apple Daily, 일간지, 넥스트 매거진 Next Magazine, 주간지, 이지 파인더 Easy Finder, 청소년 잡지, 샤프 데일리 Sharp Daily, 무료신문 등 신문과 잡지를 내고 있다. 이 같은 성공의 신화는 지미 라이가 고향에 머물렀다면 불가능했을 것이다. 그는 이상만을 꿈꾸는 평범한 사람이 아닌 행동하는 인간이었다.

지미 라이는 자신이 홍콩으로 온 이유에 대해 이렇게 말한다.

"짐꾼으로 일하던 어린 시절, 한 홍콩 손님의 짐을 날랐을 때였다. 그는 나에게 일의 대가로 돈이 아닌 초콜릿 한 조각을 주었다. 난 돈이 아니라는 실망감보다는 희열을 느꼈다. 전에 먹어보지 못한 희한한 음식이었기 때문이다. 초콜릿을 입에 넣는 순간 천하에 이보다 더 달고 맛있는 것이 없었다. 처음에 상상했던 홍콩의 이미지가 그랬다. 홍콩은 초콜릿처럼 달달하면서 부드러운 도시일 것이란 상상이다. 꿈의 도시, 나는 당장 그곳으로 갈 것을 결심했다."

진정한 성인이라면 부모로부터 자립할 수 있어야 한다. 자립이야말로 청소년 시절부터 꿈꿨던 자유의 열매다. 그런데 이 자유는 언제나 선택의 고통으로 얻어진다. 현실에 안주하는 데서 오는 안락함을 택하느냐, 미래를 위해 그것을 포기하느냐의 문제다. 전자를 택한다면 결과는 미래에 현실의 구속으로 나타난다. 어른이 됐을 때 어른답지 않게 자립하지 못하는 사람이 되는 것이다.

삶의 출발점이 어떠하든 간에 기회는 공평하게 주어진다고 한다. 어쩌면 그 기회가 천 리 밖에서 당신을 기다리고 있을지 모른다.

아인슈타인_
머리로 해결 안 되는
일은 없다

유대인계 독일인인 아인슈타인이 처음 미국에 건너갔을 때의 일이다.

미국인들은 천재라고 불리는 그를 시험해 보고자 갖가지 수를 썼다. 아인슈타인은 그들의 기대에 어긋나지 않게 어떤 질문이든 유쾌하게 답하려고 했다. 하지만 이어지는 '유치한' 질문들에 한계가 온 그가 말했다.

"저는 원래 수첩을 지니고 다니지 않습니다. 제 모든 힘을 연구 문제에 집중할 뿐입니다. 여러분이 소리의 속도가 얼마인지 궁금해하셨는데, 사실 정확한 답은 지금 모릅니다. 책을 찾아봐야 알 수 있는 정보랍니다. 전 책에 나온 단순한 정보를 기억하진 않습니다. 책에 나오지 않는 것을 기억하고 연구할 뿐입니다."

아인슈타인의 대답을 들은 미국인들은 아연실색했다. 그는 계속해 말을 이어갔다.

"전 학교에 다닐 때 주입식 교육에 불만이 많았습니다. 어떤 사건의 이름이나, 인명, 공식 등을 억지로 외우게 하는 교육 말입니다. 이런 것들은 책만 뒤지면 바로 알 수 있는 종류입니다. 굳이 외울 필요가 없습니다. 고등 교육은 학생들이 문제를 사고하고 탐구하는 능력을 키우는 데 초점을 맞춰야 합니다. 인류는 역사상 모든 문제를 사유하는 능력과 지혜로 해결했지 책을 뒤져 해결한 건 아니었습니다."

이런 철학을 설파하던 아인슈타인은 미국 프린스턴대 재직 시절 동안 부인과 작은 판잣집에서 살고 있었다. 당시 이웃에는 열두어 살 짜리 여자아이가 살았다. 이 소녀는 백발이 성성한 과학자의 집에 종종 놀러 오곤 했다. 이날도 소녀가 아인슈타인을 찾아왔다.

"할아버지, 이 문제는 어떻게 풀어야 하나요?

그는 말했다.

"얘야. 스스로 생각해 보렴. 어렵다고 대뜸 다른 사람에게 손을 내밀면 안 돼. 난 네게 단지 대략적인 방향만 가리켜 줄 수 있을 뿐이란다. 답은 스스로의 힘으로 알아내렴."

아인슈타인은 "지식을 배우려면 사고하고, 사고하고, 또 사고해야 한다. 나는 이런 방법으로 과학자가 됐다"라고 말했다. 생각에 생각을 거듭해야 평범한 사물 가운데서도 능히 새로운 것을 발견할 수 있기 때문이다. 그래야 기존의 틀을 벗어난 사고의 비약이 가능해지는 것이다.

리자청_
자신감에도 시기가 있다

중국 최고 부자 중 한 명인 리자청李嘉誠은 그야말로 세일즈맨의 신화다.

가난했던 그는 생활이 어려워 학업을 일찌감치 그만두고 외삼촌이 경영하는 시계방에서 일을 했다. 17살이 되던 해, 그는 시계방을 나와 철물과 플라스틱을 제조하는 회사에 영업사원으로 들어갔다. 성실함으로 무장한 그는 영업실적을 올리며 초고속으로 승진했고, 결국 몇 년 뒤 사장 자리까지 올랐다.

1950년, 리자청은 그동안 모은 7천 달러로 청쿵長江 플라스틱 공장을 세워 플라스틱 조화造花를 만들어 수출했다. 그는 처음 10년 동안은 1주일 내내 휴일도 없이 일을 했고, 종업원이 부족해 판매와 수금도 직접 해야 했다.

얼마 뒤, 홍콩의 정세가 동요하면서 부동산 또한 예측할 수 없을 정도로 불안해졌다. 이때 리자청만의 뛰어난 식견이 빛을 발하게 되었다. 부동산업자들이 헐값에 내놓은 땅과 건물을 사들였는데, 몇 년 후 부동산값이 뛰기 시작한 것이다.

그가 1971년에 설립한 종합무역상사 청쿵실업 또한 비약적으로 성장했다. 그는 1979년에 상하이 후이펑匯豊 은행의 주식을 매입해 최대 주주가 되었고, 2000년대 들어 중화권 부호 순위 선두권을 당당히 지키고 있다.

모든 사람은 기회 앞에서 평등하다. 단지 현명한 사람은 기회를 잡는 것이고 아둔한 사람은 기회를 눈앞에서 놓치고 마는 것이다.

인생에서 기회가 자주 찾아오는 것은 아니다. 기회가 오면 잡을 수 있도록 항상 준비해 두어야 한다. 그리고 기회가 오면 기지를 최대한 발휘해 적극적으로 행동에 나서야 한다.

헉슬리_
재치 있는 말로
상대를 제압하라

1860년 6월 30일. 옥스퍼드 대학의 자연사박물관에서는 다윈의 《종의 기원》을 둘러싼 찬반 토론회가 열렸다. 진화론 비판자인 옥스퍼드 대학의 주교 새뮤얼 윌버포스 S. Wilberforce는 진화론의 옹호자인 헉슬리 Thomas Henry Huxley에게 이렇게 말했다.

"당신의 주장대로라면 당신의 조상 중에는 원숭이가 있다는 말인데, 그렇다면 그 원숭이는 당신의 할아버지 쪽 조상이오, 아니면 할머니 쪽 조상이오?"

이 말이 떨어지기 무섭게 토론회장에 있던 신도들이 삽시간에 박장대소를 하며 옹호의 박수를 보냈다. 그러나 곧 헉슬리가 반격을 가했다.

"인류는 그 조상이 유인원이라는 사실 때문에 부끄러워할 이유가 없습니다. 저는 오히려 당신들처럼 진실을 왜곡하는 사람과 혈연관계라는 점이 더 부끄럽군요."

헉슬리의 답변에 여기저기서 박수와 함성이 터져 나왔다.

영국의 저명한 생물학자 토마스 헉슬리는 '다윈의 불독'이라는 별명이 있을 정도로 찰스 다윈 이론의 열렬한 옹호자였다.

기원에 대한 진실은 아무도 모른다. 하지만 토론회 당시 헉슬리는 뛰어난 재치로 당시 권위 있는 주교에게 당당히 맞섰다. 그는 능력, 열정, 재치를 겸비한 훌륭한 논객이었다.

논쟁 당시에는 윌버포스의 연설이 더 훌륭했다고 평가됐다. 그러나 40년의 세월이 흐른 뒤, 헉슬리가 뛰어난 재치로 상대방을 압박했다는 시각이 새롭게 나왔다. 당장의 평가가 어떠하든 자신의 주장을 당당하게 말하는 것이 중요하다.

조지 스티븐슨_
열정이 최고를 만든다

'철도의 아버지'라 불리는 조지 스티븐슨George Stephenson 은 1781년 영국에서 한 광부의 아들로 태어났다. 그의 가정은 무척 가난했고, 생계를 위해 조지는 14세라는 어린 나이에 아버지를 따라 탄광에서 일했다. 17세 때부터는 밤에도 구두 수선, 시계 수리 등 닥치는 대로 일을 했다. 그렇게 일을 해야만 입에 풀칠이라도 할 수 있었기 때문이다.

몸과 마음은 고단한 날들이었지만, 스티븐슨은 공부에 대한 열정으로 가득했다. 그는 일을 하면서 야학에서 공부하고, 틈틈이 독서를 했다. 특히 과학기술서적들을 독파함으로써 훗날 위대한 발명을 위한 기초를 닦았다.

당시 탄광은 노동 조건이 매우 열악한데다가 노동 강도도 몹시 높았다. 스티븐슨은 노동 환경을 바꾸기 위해 증기기관차를 구상했다. 그는 연구를 위해 증기기관차를 발명한 와트의 고향인 스코틀랜드까지 갔다. 연구와 발명에 대한 열정으로 그는 3천 리나 되는 거리를 걸어가는 것도 마다치 않았던 것이다.

연구에 연구를 거듭한 결과, 1814년에 드디어 석탄 운반용 기관차를 탄광에서 항구까지 달리게 하는 데 성공했다. 1825년에는 스톡턴~달링턴 간 철도를 부설하여 세계 최초 여객 철도용 기관차 '로커모션 호'를 개통시켰다.

그가 발명한 증기기관차는 산업 혁명에 크게 이바지했다. 이후 영국에서는 1830~1850년대에 철도 건설이 추진됐고, 철도는 눈부시게 발전하기 시작했다.

대부분의 사람은 현실에 안주한다. 그러나 성공한 사람들은 항상 새로운 것을 추구하며, 지금보다 더 나은 삶을 살기 위해 부단히 노력한다. 자신이 가진 재능을 인식하고, 그 재능이 발휘될 수 있도록 끊임없이 애쓰고 있다.
당신도 늦지 않았다. 지금부터라도 당신이 가지 않은 길, 남들이 가보지 않은 길을 걸어보는 건 어떨까?

류융하오_
쥐구멍에도
볕 들 날은 있다

중국 최대 식품기업인 신시왕^{新希望} 그룹의 류융하오^{劉永好} 회장은 1951년 중국에서 태어났다. 그는 가정 형편이 너무 어려워 스무 살이 되도록 신발 한 켤레를 제대로 사 본 적이 없었다.

1982년 그는 손목시계, 자전거 등 세간을 팔아 1000위안의 종잣돈을 마련해 메추라기 사육장을 세웠다. 그러나 사업은 생각만큼 잘 풀리지 않았다. 그는 절망에 빠져 어디론가 도망치고 싶은 생각마저 들었다. 그러나 그는 "쥐구멍에도 볕 들 날이 있다"는 말을 떠올리며 어떻게 해서든 돌파구를 찾아야겠다고 마음먹었다.

그는 이를 악물고 다시 일어섰다. 그 결과 메추라기 사육장은 4년 만에 연 15만 마리를 생산하는 중견기업으로 성장했다. 회사명을 시왕希望으로 바꾸고, 사료까지 사업을 확장했다. 얼마 되지 않아 시왕은 쓰촨 지역을 나와 상하이 등 20여 개 성시省市 자치구에서 국유기업, 외자기업 등과 합작하여 전국적으로 사업을 넓혀가게 되었다.

1990년에 들어 그는 다른 기업가들과 민영기업을 위한 은행을 만들자고 제안했다. 그리고 6년 후에 중국 최초의 민영자본으로 구성된 민성民生은행이 정식 출범했다. 민성은행은 2000년 초 상하이 증권거래소에 상장했고, 최대주주인 그는 2011년 후룬연구소에서 발표한 부호리스트에서 금융부호 1위에 올랐다.

현재 류용하오 회장이 거느리고 있는 신시왕 그룹은 중국 최대 농업·사료·식품 기업이다. 전체 매출은 약 510억 위안약 9조 원에 달한다고 한다. 신발 한 켤레조차 살 수 없었던 가난한 소년이 열정과 노력으로 중국 최고의 부호가 된 것이다.

성공한 사람들은 포기를 모른다. 그들은 운명을 바꾸기 위해 목표를 세우고, 그 목표를 향해 달려간다. 그 과정에서 좌절하기도 하지만 포기하지 않고 돌파구를 찾는다. 그렇게 성공하고 세계적인 부호가 되어도 막상 자신의 재산에는 관심이 없다. 그들은 부를 창조하는 과정에서 즐거움을 얻기 때문이다.

장의_
혀로 천하를 다스리다

　장의張儀는 춘추전국시대를 풍미했던 유세가였다. 그는 당시 모략가로 이름이 높았던 귀곡자를 찾아가 그에게 가르침을 받았다. 우수한 성적으로 공부를 마친 그는 유세를 위해 제후들을 찾아다녔다.

　장의가 초나라에서 유세를 할 때의 일이다. 초나라 재상이 잔치를 벌이며 술을 마시는데, 그가 아끼던 보석이 사라지고 말았다. 그러자 대신들은 가난뱅이 장의가 훔쳤을 것이라고 그를 다그쳤다. 장의는 자신은 절대 도둑질을 하지 않았다고 완강히 부인했다. 하지만 오히려 혹독하게 매질을 당해 초주검이 되어 고향에 돌아왔다. 그의 모습을 본 아내는 눈물을 흘리며 말했다.

　"남들 사는 것처럼 조용히 살지 않고 유세를 하며 다니니 이런 수

모를 당하는 것 아닙니까?"

아내의 이야기를 듣던 장의는 느닷없이 혀를 내밀며 말했다.

"내 혀가 아직 있소?"

아내는 어이가 없다는 표정을 지으며 답했다.

"혀는 제대로 붙어 있어요."

장의는 웃으며 말했다.

"그럼 걱정 없소."

몸이 만신창이가 됐어도 혀만 건재하다면 자신은 천하를 움직일 수 있다는 뜻이었다. 그 후, 장의는 진나라 재상으로 임명되었다. 과연 그의 말대로 혀로 천하를 다스리게 된 것이다.

남에게 모욕을 당하면 우리는 상대를 원망하고 주변에 하소연한다. 그러나 현명한 사람은 치욕을 당해도 겉으로 드러내지 않고 어떠한 굴욕에도 흔들리지 않는다. 침묵과 여유 그리고 인내심은 출세의 길로 나아가는 데 큰 역할을 한다.

백리해_
끝까지 자신을 믿어라

백리해百里奚는 70세가 되어서야 진秦나라의 재상에 등용됐다. 그 자리에 오르기까지 그의 인생 여정은 참으로 험난했다.

가난한 집에서 태어난 그는 벼슬을 얻기 위해 제나라에 갔으나 등용되지 못해 수년 동안 남의 집 심부름꾼으로 생계를 이어갔다. 제나라에서 벼슬 얻기를 체념한 백리해는 고향인 우나라로 돌아왔고, 다행히 재능을 인정받아 벼슬을 얻을 수 있었다. 오랫동안 불행했던 그에게 마침내 봄날이 찾아온 것이다. 그러나 좋은 시절은 그리 오래가지 못했다.

우나라가 진나라에 멸망하면서 백리해가 포로로 잡혀가게 됐다. 때마침 진나라의 왕이 딸을 진목공에게 시집을 보냈는데, 포로인 백리해에게 공주의 몸종이 되어 따라가라고 명했다. 백리해는 견딜 수 없는 모욕감을 느꼈다. 그는 신부의 행차를 따라가던 중 초나라로 도망쳤다.

진목공은 공주의 몸종 중에 백리해라는 자가 행차 중 달아났다는 사실을 알게 되었다. 사실 진목공은 인재등용에 적극적인 인물이었다. 백리해가 우나라에서 벼슬을 한 현인이라는 사실을 알고 곧 초나라에 사신을 보내 백리해의 인도를 요청했다.

백리해가 진나라에 오자 진목공은 그를 친히 맞아주었다. 진목공은 백리해와 정치에 관해 이야기해 보고는 그가 비범한 인물임을 단번에 알아차렸다. 그는 곧바로 백리해를 재상으로 임명하여 국정을 맡겼다. 백리해는 뛰어난 학식과 지혜로 진목공을 도와 나라를 다스렸다. 그때 그의 나이 일흔이었다.

재주는 있지만, 때를 만나지 못해 능력을 인정받지 못하는 사람들이 있다. 그때 좌절하고 포기하면 영원히 기회를 얻지 못한다. 조건과 환경 때문에 재주를 펼치지 못했어도 실력을 갈고닦으며 때를 기다려라. 언젠가 세상은 반드시 당신을 인정해 줄 것이다.

맹상군_
재능 있는 자를
곁에 두어라

맹상군孟嘗君은 중국 전국시대 말기의 정치가다. 그는 천하의 인재들을 모아 후하게 대접하는 것으로 이름이 높았다. 그의 집에는 식객이 무려 3000명에 달했다.

어느 날 맹상군은 진나라 소왕의 초청을 받아 식객 천여 명을 거느리고 진나라에 갔다. 그런데 소왕의 한 측근의 모략으로 맹상군 일행이 죽임을 당할 위기에 처했다. 이에 맹상군은 비밀리에 소왕의 애첩 연희에게 석방을 부탁했다. 연희는 그에게 백호구 백여우의 겨드랑이 털로 만든 고급 옷를 주면 석방을 도와주겠노라고 약속했다. 그러나 백호구는 이미 소왕에게 예물로 주어 궁중의 창고에 있었다.

맹상군이 이 문제로 고민하고 있을 때, 식객 중 한 사람이 나섰다.

그는 개 짖는 소리와 도둑질에 능했다. 그는 밤에 개처럼 짖어대며 궁중에 들어가 백호구를 훔쳐 연희에게 주었고, 약속대로 맹상군 일행은 자유의 몸이 되었다. 맹상군과 식객들은 밤새 수레를 몰아 도망쳤고, 그중 문서 위조에 능한 식객이 통행증을 거짓으로 만들어 관문을 통과할 수 있었다.

진나라 소왕은 곧 맹상군의 석방을 후회하면서 추격병을 보냈다. 맹상군이 함곡관函谷關, 전국시대 진[秦]에서 산동[山東] 6국으로 통하던 관문에 이르렀을 때 관문은 굳게 닫혀 있었다. 관문은 첫닭이 울어야 여는데 동이 틀 때까지 시간은 한참이나 남아 있었다. 언제 추격병이 들이닥칠지 모르는 위급한 상황에서 광대 출신 식객이 닭 울음소리를 냈다. 그가 낸 닭 울음소리를 듣고, 주변 마을에 있던 닭들이 덩달아 따라 울었다. 닭 울음소리를 들은 문지기는 동이 텄다고 착각하고, 육중한 관문을 활짝 열었다. 이로 인해 맹상군 일행은 관문을 빠져나와 무사히 도주할 수 있었다.

Think

사람은 누구나 재능이 있다. 위급한 상황에서 우리는 스스로에게 어떤 역할이 정해지면 막강한 영향력을 발휘하게 된다. 위 이야기의 맹상군처럼 평소 남의 재능을 알아보고 거두어주는 자는 자신이 위험에 처했을 때 반드시 그 도움을 받는다.

빅토르 그리냐르_
운명을 바꾼 충고

1912년 노벨 화학상을 수상한 빅토르 그리냐르^{Victor Grignard}는 프랑스의 한 부유한 가정에서 태어나 응석받이로 자랐다. 20살 때까지 공부도 제대로 하지 않고, 가난한 친구들을 업신여기는 등 방탕한 생활을 했다. 그런 그에게 인생의 전환점이 되는 사건이 일어났다. 당시 그와 교제 중이던 아가씨의 말 한마디가 그것이었다.

"이제 그만 만나요. 저는 당신 같은 난봉꾼은 딱 질색이에요."

유복한 가정에서 자라 한 번도 수모를 당해 본 적이 없던 그에게 여자의 독설은 가혹했다. 뒤통수를 세게 얻어맞은 기분이었다. 그날 밤 그리냐르는 밤새 자신의 과거를 반성했다. 그리고 다음 날 편지 한 통을 남긴 채 홀연히 집을 떠났다.

"조용한 곳에서 꾸준히 노력하여 사람들에게 기쁨을 주는 일을 하고 싶습니다. 더 이상 저를 찾지 마세요."

집을 나간 후 그는 리옹 대학에 입학했다. 대학에서 유기화학에 대해 공부하면서 흥미를 느끼고 그 분야 연구에 매진해 나갔다. 노력에 노력을 거듭한 그리냐르는 낭시 대학의 교수를 거쳐 리옹 대학의 화학과 교수가 되었다.

그리냐르는 1900년 마그네슘을 함유하는 유기금속화합물 그리냐르시약 Grignard reagent 을 발견해 유기합성 분야에 새 장을 열었고, 그 공로로 1912년 폴 사바티에 Paul Sabatier 와 함께 노벨 화학상을 공동 수상했다.

Think

남에게 지적을 받았을 때 그것을 대수롭지 않게 넘기는 사람이 있는 반면, 성장의 기회로 삼는 사람도 있다. 남에게 충고를 받는 순간 감정은 상하지만 겸허한 마음으로 받아들여라. 남의 충고는 자신이 몰랐던 과오, 단점을 깨닫게 해주고 성공으로 나아갈 수 있는 전환점이 되어 주기 때문이다.

PART 2

남을 의식하지 않는 삶

우리는 세상을 살면서 배우고 익혀야 할 것들이 많다. 선인들이 남겨 준 역사, 사회적 규칙, 지성인으로서 알아야 할 각종 지식. 그러나 정작 자신에 대해서는 얼마나 알고 있는가? 나는 누구이고 어떻게 살아야 하는지에 대해서는 잘 모른다. 때론 외부로 향한 시선을 자신의 내부로 돌릴 필요가 있다.

히치콕_
약점으로 운명을 바꾸다

알프레드 히치콕Alfred Hitchcock은 서스펜스 영화의 대가라고 불린다. 영국의 평범한 가정에서 태어난 그는 어렸을 때 엄격한 가정교육을 받았다. 그러나 어린 히치콕은 온갖 말썽을 부리며 부모에게 반항했다.

하루는 그의 아버지가 히치콕에게 메모지 한 장을 주면서 경찰서에 가져다주라고 했다. 경찰관은 그 메모지를 보고 아무 말 없이 소년을 경찰서의 작은 방에 가뒀다. 히치콕은 두려움에 떨며 큰 소리로 울었지만, 누구 하나 거들떠보지도 않았다. 얼마간의 시간이 흐른 뒤 경찰은 그를 집에 돌려보냈다. 히치콕은 그제야 아버지가 경찰에게 부탁해 자신에게 벌을 주었다는 사실을 깨달았다.

그날의 무서웠던 경험은 그 후 히치콕의 삶에 깊은 영향을 미쳤다.

어두운 곳에 있을 때면 그날의 기억이 떠올라 공포에 시달렸다.

그는 영화에 관심이 많아 스무 살에 영화계에 입문했다. 한 영화사에서 무성영화에 자막 입히는 일을 하던 히치콕은 문득 자신이 느끼는 공포와 긴장감을 영화로 만들어보면 어떨까 하는 생각을 하게 됐다. 그 결과 그가 만든 영화는 크게 성공을 거두었다. 그는 평생 60여 편의 영화를 찍었는데, 거의 모든 작품들이 명작으로 꼽히고 있다.

《현기증》,《엑소시스트》,《싸이코》 등은 50여 년이 지난 지금도 스릴러의 대표작으로 기억되고 있다. 공포심을 잘 느끼는 그의 약점이 그를 서스펜스 영화의 거장으로 만들어 준 것이다.

일반적으로 사람들은 자신의 약점과 단점을 숨기려 한다. 그러나 자신의 약점을 인정하고 이를 장점으로 바꾸려고 노력해 보라. 당신은 전혀 새로운 인생을 살게 될 것이다.

리비히_
명확한 꿈을 꾸어라

독일의 화학자 유스투스 리비히 Justus von Liebig. 그는 어린 시절 화학을 좋아했다. 한번은 리비히가 다니는 학교 교장 선생님이 학생들에게 장래 희망을 물었다. 이때 리비히가 제일 먼저 손을 들고 큰 소리로 대답했다.

"저는 화학자가 되고 싶습니다!"

그 뒤, 리비히는 꾸준히 노력해 23세라는 어린 나이에 대학교수가 되었다. 그는 평생 동안 300여 편의 논문을 써 화학 분야에 많은 기여를 남겼다. 그는 한번 연구실에 들어가면 좀처럼 나가는 법이 없었다. 그래서 그의 하인은 원망 섞인 투로 이렇게 말했다.

"교수님이 종일 실험실에서 작업하시기에 제가 청소할 틈이 없네요."

1826년, 프랑스의 젊은 화학자 바라르가 해초에서 요오드를 정제해 낸 후 논문을 발표했다. 이 논문을 읽고 리비히는 땅을 치고 후회했다. 그 역시 이미 몇 년 전에 이와 비슷한 실험을 했는데, 제대로 연구하지 않아 흐지부지돼버리고 말았었기 때문이다.

이 일을 계기로 연구에 임하는 그의 자세는 더욱 진지해졌다. 한 번의 실수에서 교훈을 얻은 그는 부단히 자기를 채찍질하기 위해 그 당시 유리병에 붙여 놓았던 '염화요오드' 딱지를 떼어 자기 침대 머리에 붙여 놓았다고 한다.

꿈을 갖는 것은 성공을 위한 첫 번째 할 일이다. 위 이야기의 리비히는 어린 시절 훌륭한 화학자가 되겠다는 확실한 꿈을 꾸었고, 결국 젊은 나이에 화학 교수가 됐다. 꿈이 아예 없거나 두루뭉술하게 꾸는 사람이 있다면 지금 당장 명확한 꿈을 꾸라.

레오나르도 다빈치_
자신의 생각을 피력하라

　이탈리아의 유명 화가 레오나르도 다빈치가 밀라노의 한 수도원에서 〈최후의 만찬〉을 작업하고 있을 때였다. 작업이 막바지에 달했지만, 그는 여전히 그리스도와 유다의 얼굴을 완성하지 못하고 있었다. 예수의 얼굴은 지상에서 찾을 수 없었기 때문에 쉽지 않았고, 스승을 배신할 만큼 사악한 유다의 얼굴을 표현하는 것도 보통 일이 아니었다.

　다빈치가 사색에 잠겨 있는 모습을 본 수도원장은 그를 아주 못마땅하게 여겼다. 수도원장의 눈에는 다빈치가 아무것도 하지 않고 멍하니 쉬고 있다고 생각했기 때문이다. 그는 이 그림 작업을 의뢰한 루드비코 일 모로 공작에게 다빈치가 작업에 열중하지 않는다고 일러바쳤다. 이 말을 들은 공작은 다빈치를 불러 사실을 확인하려 했다. 공작의 방에 불려간 다빈치는 그림에 대한 자신의 고민과 작업 과정을 찬찬히 설명했다. 그리고 마지막으로 이렇게 덧붙였다.

"만약 제가 유다의 얼굴을 찾아내지 못하면 그 심술궂은 수도원장의 얼굴을 그려 넣을 수밖에요."

공작은 다빈치의 농담 섞인 말을 듣고 크게 웃었고, 수도원장은 얼굴이 빨개져 도망치듯 방을 빠져나왔다.

자신의 의지와 상관없이 다른 사람의 오해를 살 때가 있다. 우리는 적극적으로 자신의 사정을 설명해 그 오해를 풀어야 한다. 이는 자신의 이미지와 평판에 영향을 주기 때문이다.

아펠레스_
모험에도 지혜가 따른다

어느 왕이 화가를 불러 자신의 초상화를 그리게 했다. 정직한 화가는 한쪽 눈이 멀고 한쪽 다리가 짧은 왕의 모습을 있는 그대로 그려냈다. 완성된 초상화를 본 왕은 크게 분노하며 그 화가를 사형시켜 버렸다.

"감히 나를 이렇게 추하게 그리다니. 그는 죽어 마땅하다!"

왕은 또 한 명의 화가를 불러 마찬가지로 초상화를 그리게 했다. 이 화가는 동료의 비참한 최후를 잘 알고 있었기에 번뜩이는 두 눈과 건강한 두 다리를 가진 모습으로 그렸다. 화가는 왕이 틀림없이 만족할 것이라고 생각했다. 그러나 초상화를 본 왕은 "이게 어떻게 나란 말이냐?"라고 화를 내면서 그 화가도 죽여 버렸다.

왕은 여전히 노여워했고, 아무도 그의 초상화를 그리려 하지 않았다. 그때 뜻밖에도 한 젊은 화가가 자진하여 나섰다.

젊은 화가는 첫 번째 화가처럼 왕의 단점을 사실적으로 그리지도 않았고, 두 번째 화가처럼 진실을 왜곡하지도 않았다. 그림 속의 왕은 말을 타고 있었는데, 짧은 쪽의 다리는 말안장에 가려 보이지 않았고, 장애가 있는 눈은 총구에 대고 총을 조준하는 상태여서 역시 보이지 않았다. 왕의 초상화는 말을 타고 사냥을 하고 있는 영웅 같은 모습을 담고 있었다. 그림 속의 왕은 아무런 장애도 갖고 있지 않은 것처럼 보였지만, 그 누구도 사실을 왜곡했다고 말하는 사람은 없었다.

이 젊은 화가는 완벽한 진실도, 완벽한 거짓도 없이 초상화를 완성하여 왕을 만족시켰다.

애꾸눈 왕의 초상화 이야기는 형식만 약간 다를 뿐 내용은 대동소이한데 대체로 기원전 그리스의 안티고노스로부터 나온 설화라고 알려져 있다. 실제로 안티고노스는 원인이 분명하지 않지만 한쪽 눈이 불구였고, 이 시대 최고의 예술가였던 아펠레스Apelles라는 사람은 왕의 단점을 보완하는 지혜를 발휘해 초상화를 그렸다고 한다.

처세를 잘하는 사람은 남의 장점을 칭찬해주고, 단점을 모르는 척한다. 사물을 다각적으로 관찰하고 타인의 심리를 제대로 파악한다면, 우리는 인간관계에서 나타나는 난제를 쉽게 풀 수 있을 것이다. 물론 사람과 사람 사이의 일이기 때문에 어느 정도의 모험은 감수할 수 있어야 한다.

이사_
운명을 바꾼 판단 실수

　기원전 210년, 진시황은 중국 동부 지방을 순행하던 중 사구^{沙丘}에서 병을 얻어 죽음을 맞았다.

　죽기 직전 진시황은 자신의 죽음을 예감하고 첫째 아들 부소에게 황제 자리를 물려주기 위해 유서를 남겼다. 당시 북방 지역에 있던 부소에게 뒷일을 맡긴다는 칙서를 환관 조고^{趙高}에게 보내도록 명했다. 칙서를 받은 조고는 생각했다.

　'평소 부소가 나를 못마땅하게 여기고 있으니 만약 그가 황제가 되면 나의 입지가 위태로워질 것이다.'

　위협을 느낀 그는 칙서를 변조하고자 둘째 아들 호해^{胡亥}와 재상인 이사^{李斯}를 설득했다. 두 사람은 망설였지만, 권력 앞에 눈이 멀어 결국 조고의 감언이설에 넘어가 유서를 조작하고 말았다.

얼마 뒤 호해가 황제로 즉위했다. 이사는 조고 편에 붙어 권세를 누리려 했지만, 그에게 실컷 이용만 당한 뒤 반란을 도모했다는 죄명으로 처형당하게 된다. 후에 사마천은 이사를 두고 '판단만 잘했다면 주공이나 태공에 비견될 만한 인물'이라며 안타까워했다.

뛰어난 정치가였던 이사는 결정적인 순간에 환관의 감언이설에 넘어가 잘못된 결단을 내린 것이다. 이후 진나라는 전란에 휩싸여 4년 만에 멸하고 말았다.

결정적인 순간에 어떤 판단을 하느냐에 따라 한 사람의 운명이 바뀌기도 한다. 어떤 결단을 내리느냐는 그 사람의 지혜와 소양에 달렸다. 현명하고 목표가 확실한 자는 권력에 눈이 멀지 않으며, 타인의 감언이설에 쉽게 넘어가지 않는다.

페스탈로치_
두려움은
마음먹기에 달렸다

스위스가 낳은 위대한 교육자 페스탈로치 Pestalozzi, Johann Heinrich 는 어린 시절 몸이 약하고 수줍음이 많은 아이였다.

하루는 그의 할아버지와 산책을 했다. 시원한 바람이 볼을 스치고, 산새들의 즐거운 노랫소리가 들리는 오솔길을 걸으며 소년은 마냥 즐거웠다. 얼마쯤 걷다 보니 실개천이 나왔다. 어린 페스탈로치는 할아버지를 바라보며 싱긋 웃었다. 틀림없이 할아버지가 자기를 업고 냇물을 건너리라 생각했기 때문이었다. 그런데 뜻밖에도 할아버지는 손자의 손을 놓더니 혼자만 냇물을 폴짝 뛰어넘는 것이 아닌가.

"할아버지, 저는요. 저는 어떻게 해요?"

페스탈로치는 울먹이며 발을 동동 굴렀다. 그러자 할아버지는 뒤를 돌아보며 말했다.

"뭐가 무섭다고 그래. 두어 발짝 뒤로 물러섰다가 힘껏 뛰어 보렴!"

겁에 질린 페스탈로치는 결국 울음을 터뜨리고 말았다. 할아버지는 화난 표정을 지으며 냉정하게 말했다.

"계속 그러고 있으면 할아버지 혼자서 집에 갈 거다."

이미 할아버지는 저만큼 앞서서 걸어가고 있었다. 순간 두려움에 사로잡힌 페스탈로치는 얼떨결에 펄쩍 뛰어 시냇물을 건넜다. 그러자 앞서 가던 할아버지가 달려와 손자를 끌어안았다.

"잘했다, 얘야! 그렇게 하는 거야. 이제 너는 언제든지 네 앞에 나타난 냇물을 뛰어넘을 수 있을 거다. 무슨 일이든 마음만 먹으면 두려움을 물리칠 수 있단다."

처음 하는 일은 누구에게나 두려운 법이다. 실수할까 봐, 실패할까 봐 시도조차 하지 못하는 이들도 많다. 하지만 이 과정을 넘지 못하면 절대 앞으로 나아갈 수 없다. 대담한 도전정신을 갖고 무엇이든 시도해 보라.

장자_
권력을 가진 자의
우위에 서는 법

장자莊子가 위나라 혜왕을 찾아갔을 때의 일이다. 그때 장자는 군데군데 꿰맨 삼베옷에 해진 짚신을 신고 있었다. 초라한 행색에 놀란 혜왕이 물었다.

"선생, 어쩌다가 이렇게 피폐해진 것이오?"

"이것은 가난한 것이지 피폐한 것이 아닙니다."

혜왕이 의아한 표정을 짓자 이어 장자가 말했다.

"선비로서 도덕을 알고도 행하지 않는 것을 피폐라 합니다. 그러나 옷이 낡고 신발이 다 떨어진 것은 가난한 것이지 결코 피폐한 것이 아닙니다."

혜왕이 고개를 끄덕이자 장자가 힘 있는 목소리로 덧붙였다.

"이것은 내가 불행한 시대를 살고 있다는 증거가 아니겠습니까?"

장자는 자신의 빈곤한 상황을 빗대어 왕이 제대로 나라를 다스리지 못하고 있음을 비판했다.

무릇 백성들의 삶은 왕과 신하들의 책임이다. 그들이 현명하게 나라를 다스리면 백성들은 두루 편안히 잘 살 수 있다. 그러나 왕이 정치를 제대로 하지 못하면 지위가 있고 돈이 있는 자들은 겉치장만 화려하게 하고 도덕을 알고도 실천하지 않으며 일반 백성들은 더욱 궁핍해질 따름이다.

돈과 권력을 가진 자보다 우위에 선 사람은 바로 그들을 정복할 수 있는 지혜를 가진 자다. 장자와 혜왕의 대화에서 볼 수 있듯이 권력을 가진 자를 비판할 수 있는 장자의 지혜는 천금을 주고도 살 수 없는 것이다.

알리 베이_
보물의 가치는
사람마다 다르다

18세기 페르시아 재무대신을 지낸 알리 베이는 아바스 대왕의 두터운 신임을 얻고 있었다. 하지만 다른 신하들은 어린 시절 양치기에 불과했던 알리 베이를 질투했다.

아바스 왕이 세상을 떠나자 신하들은 보위에 오른 새 왕을 꾀어 알리 베이를 축출하려 했다. 그 무렵 대왕이 아끼던 보검寶劍이 사라졌다. 이 사건을 기회로, 신하들은 알리 베이에게 누명을 씌웠다.

"선대왕과 가장 가까운 자가 바로 알리 베이입니다. 소문에 의하면 그의 집에 각종 보물이 숨겨져 있다 하옵니다."

신하들의 말을 들은 왕은 즉시 알리 베이의 집으로 찾아갔다. 화려할 것이라고 생각했던 그의 집은 너무나 초라했다.

"사실 저희 집에 귀한 보물이 있긴 합니다. 이쪽으로 오시지요."

알리 베이는 정중하게 왕과 신하를 방으로 안내했다. 아무런 장식도 없는 그 방에는 보물로 보이는 것은 하나도 없었다. 있는 것이라곤 어린 시절 양을 칠 때 쓰던 지팡이와 피리, 누더기뿐이었다.

한 나라의 재무대신까지 지낸 사람의 집에서 나온 보물이 겨우 그런 것이라니. 뜻밖의 상황에 어리둥절한 표정으로 서 있는 왕에게 알리 베이가 이렇게 말했다.

"저 피리와 헌 옷이 바로 제 보물입니다. 양을 치던 때가 제 인생에서 가장 소중한 시절이었지요. 그때의 순수한 마음을 잃지 않으려고 대신이 되고 나서도 간직하고 있었습니다."

알리 베이는 빙그레 웃으며 말을 이어갔다.

"이제 벼슬자리에서 물러난 몸이니 저는 다시 이 옷을 걸치고 양들이 뛰노는 골짜기로 돌아갈까 합니다."

잠깐이나마 알리 베이를 의심했던 왕과 평소 그를 시기했던 신하들은 얼굴이 붉어져 아무 말도 하지 못했다.

인생은 결코 순풍에 돛 단 배처럼 평탄하지만은 않다. 때로는 격랑을, 때로는 폭풍우를 만나 좌절하기도 한다. 그렇다고 위축되거나 자포자기해선 안 된다. 굳은 신념을 가지고 장애를 박차고 나아가야 한다. 그래야 인생의 의미를 새롭게 되새길 기회를 얻을 수 있다.

포숙아_
재치 있는 자가
승리한다

춘추시대 제나라의 군주 제양공齊襄公에게는 규와 소백, 두 아들이 있었다. 나중에 제나라가 혼란에 빠지자 규는 관중을 따라 노나라로 달아났고, 소백은 포숙아를 따라 거나라로 갔다. 두 아들을 떠나보낸 후 얼마 되지 않아 제양공은 세상을 떠났다.

이 소식을 접한 규와 소백은 서로 왕위를 계승하기 위해 서둘러 제나라로 향했다. 두 사람은 제나라 변방의 좁은 길목에서 마주쳤다.

규의 사부인 관중은 소백에게 인사를 하는 척하다가 그를 향해 활을 쏘았다. 화살은 소백의 허리띠에 맞았고, 다행히 그는 죽지 않았다. 그때, 소백의 곁에 있던 포숙아는 그에게 쓰러져 죽은 척하라고 일러 주었다. 소백이 쓰러진 것을 보고 그가 죽었다고 생각한 관중은

규에게 보고했다.

"소백이 죽었습니다. 공자께서는 이제 마음 편히 왕위에 오르실 수 있습니다."

마음이 놓인 관중은 무리를 이끌고 제나라까지 천천히 이동했다.

한편, 포숙아와 소백은 길을 재촉해 관중 일행보다 제나라에 먼저 도착했다. 그리하여 소백이 왕위에 오르니 그가 바로 유명한 제환공 齊桓公이다.

화살에 맞은 그 짧은 순간에 소백에게 거짓으로 죽은 척하라고 일러 준 포숙아의 재치야말로 현대인에게 필요한 지혜가 아닐까.

치열한 경쟁사회에서는 빠른 판단력이 요구된다. 우물쭈물하는 사이에 기회는 저 멀리 달아나 버리기 때문이다.

재치란 '눈치 빠른 재주'라는 의미다. 비상시를 대비해 매뉴얼을 준비하는 것도 중요하지만, 때론 임기응변으로 재치 있게 위급 상황에 대처하는 능력이 필요하다.

퀴비에_
불안감은
무지에서 나온다

　프랑스의 동물학자 퀴비에Cuvier, Georges Léopold는 동물의 뼛조각만 보고도 그 동물이 어떤 습성을 갖고 있는지 알 정도로 그 분야에 뛰어난 학자였다.

　어느 날 장난꾸러기 학생 하나가 퀴비에 교수를 골탕 먹이기로 마음먹었다. 그는 머리에 뿔을 달고 발굽이 달린 기괴한 동물 모양의 옷을 입고 잠들어 있는 교수에게 다가가 소리를 질렀다. 잠에서 깬 그는 이 기괴한 동물의 모습을 본 뒤 아무 일도 없다는 듯이 다시 눈을 감았다.

　교수가 놀라지 않자 실망한 제자들은 그에게 무서운 동물을 보고도 어떻게 놀라지 않을 수 있느냐고 물었다. 퀴비에는 이렇게 말했다.

"그 동물은 뿔이 나고 발굽이 있더군. 초식동물이라는 뜻인데 초식동물이 사람을 잡아먹을 리가 없지 않나. 그래서 다시 잠을 청했지."

교수의 말을 들은 학생들은 그의 박식함과 관찰력 그리고 지혜로움에 감탄했다.

미국의 사상가 에머슨Ralph Waldo Emerson은 "지식은 불안의 해독제다Knowledge is the antidote to fear"라는 말을 남겼다. 인간은 무지하기 때문에 불안한 것이다. 아는 것이 많을수록 두려움은 줄어든다.

맹자_
악인으로 태어나는
사람은 없다

맹자는 우산牛山을 보고 이렇게 말했다.

"저 산에도 옛날에는 나무들이 아름답게 우거져 있었다. 그런데 도성 가까이 있다 보니 많은 사람들이 나무를 베어 갔다. 나무를 잃은 우산은 비와 이슬을 머금고 다시 새싹을 틔운다. 그러나 이번엔 산에 소와 양을 풀어 그 싹을 먹이니 결국 우산은 민둥산이 되고 말았다. 그런데 사람들은 지금의 우산을 보고 이 산에는 원래 나무가 자라지 않는다고 믿는다."

사람도 마찬가지다. 인간의 본성은 원래 선하지만, 외부 환경에 의해 우리는 서서히 양심을 잃어간다. 마치 우산의 나무가 도끼에 잘려

나가는 것처럼 말이다. 흐려진 마음속엔 또다시 양심이 돋아난다. 그렇지만 외부의 속박이 심해지면 나중에는 한 조각의 양심도 찾아볼 수 없는 금수禽獸가 돼버린다.

아무리 세상이 험하고, 자신도 모르는 사이에 포악해져 버려도 본래의 선한 마음으로 돌아가려고 애써야 한다. 원래부터 민둥산이 없는 것처럼 원래부터 악한 사람은 없다.

산은 스스로 나무를 키우는 잠재력이 있기 때문에 그것을 소중하게 보호해 주면 푸른 나무가 자라 숲을 이루어 아름다운 산이 된다. 그런데 나무를 베기만 하고 다시 심지 않으면 어느 산이나 모두 민둥산이 되어버리고 만다.

인간도 그와 같아서 본래 선한 마음과 양심을 갖고 태어났다. 이를 깨닫고 잘 보존하고 계발한다면 예지를 갖춘 훌륭한 사람이 될 수 있을 것이다.

공손의_
멀리 내다볼 줄 아는
지혜

노나라 재상 공손의公孫儀는 생선을 좋아했다. 그 사실을 알고 여러 관리들이 그에게 각종 생선을 보냈다. 하지만 공손의는 이를 절대 받는 법이 없었고, 누군가 대문 앞에 몰래 놓아둔 생선이라도 그대로 말라비틀어질망정 집 안으로 들이지 않았다. 이를 이상하게 여긴 동생이 형에게 물었다.

"그렇게 생선을 좋아하시면서 어째서 다른 사람이 보내온 것을 받지 않는 것입니까?"

그러자 공손의가 말했다.

"내가 생선을 좋아하니까 더욱 그러는 게야. 누군가에게 생선을 받으면 그가 부탁한 일을 거절하기 어려울 것이고, 그렇게 은혜를 갚다

보면 법을 어기는 일도 생기겠지. 그리고 법을 어기면 관직을 박탈당할 텐데, 그때는 누가 멸치 한 마리라도 가져오겠느냐. 지금 당장 생선을 받지 않는다면 재상 자리도 유지할 수 있고, 이로써 내가 계속 사 먹을 수 있지 않겠느냐."

눈앞의 이익만 좇지 말고 멀리 내다보라. 지금 당장은 별것 아닌 것처럼 보여도 어느 순간 큰 위험이 되어 돌아올 수 있다.

PART 3

스스로의 가치를 높여라

우리는 스스로가 얼마나 대단한 사람인지 자각하지 못하는 경우가 많다. 나 자신을 믿지 못하는데 남이 나를 높게 평가할 리 만무하다. 자신감을 갖고 당당하게 행동하면 세상에 이루지 못할 것은 하나도 없다.

링컨_
인생에 롤모델이
필요한 이유

　미국의 16대 대통령 링컨은 켄터키주의 작은 통나무집에서 가난한 농부의 아들로 태어났다. 그는 어릴 때부터 책 읽기를 좋아했다. 하지만 집안 형편이 어려워 책을 살 수가 없어서 이웃 부잣집에 가서 책을 빌려다 읽곤 했다.

　한번은 미국의 초대 대통령인 조지 워싱턴의 전기를 읽게 됐다. 어린 링컨은 워싱턴의 위대함에 매료되어 밤이 깊은 줄도 모르고 책을 읽었다. 깜박 잠이 든 그는 빗소리에 눈을 떴고, 눈앞에 펼쳐진 광경에 깜짝 놀라고 말았다. 허름한 그의 집 천장에서 떨어진 빗물에 워싱턴 전기가 흠뻑 젖어버리고 만 것이다.

　링컨은 즉시 책 주인을 찾아가 사정을 설명하며 진심으로 용서를 구했다. 책 주인은 링컨의 정직한 마음씨에 감동하여 그 책을 선물로 주었다. 소중한 선물을 받은 링컨은 뛸 듯이 좋아하며 집으로 돌아왔다. 그 후로도 링컨은 워싱턴 전기를 몇 번이고 반복해 읽으면서 훗날 워싱턴 같은 큰 인물이 되겠다고 마음먹었다. 이렇게 조지 워싱턴은 소년 링컨의 롤모델로 가슴 깊이 자리 잡았다.

그로부터 몇십 년의 시간이 흘렀다. 마침내 미국 역대 대통령 중 가장 위대한 대통령이 탄생했다. 미국을 이끌어 갈 새 대통령은 어릴 때부터 조지 워싱턴의 전기를 되풀이해 읽으면서 꿈을 키웠던 링컨이었다.

인생의 길은 멀고도 험하다. 아무리 자신감 넘치고, 능력 있는 사람일지라도 인생에서 한 번쯤은 실패와 좌절을 경험하게 된다. 이때 다시 일어설 수 있도록 도와주는 것이 바로 롤모델이다. 그와 같은 멋진 삶을 살기 위해 부단히 노력하다 보면, 그로 인해 성공에 이를 수 있을 것이다.

손숙오_
어리석은 자는 앞만 본다

초나라 장왕이 진나라를 공격하려고 마음먹고 신하들에게 이렇게 못을 박았다.

"내 마음은 이미 정해졌다. 나를 말리려는 자는 사형에 처하겠다!"

그러자 신하 손숙오孫叔敖가 장왕에게 말했다.

"매 맞는 게 두려워서 아버지께 간하지 않으면 효자라 할 수 없습니다. 또 죽음이 두려워서 임금에게 간하지 않으면 충신이라 할 수 없습니다. 그러기에 감히 고하고자 합니다."

그는 다시 말을 이었다.

"소신의 집 정원에 느티나무가 있습니다. 일전에 문득 바라보니 그 나무에 붙은 매미가 잎에 맺힌 이슬을 마시려 하고 있었습니다. 그런데 바로 뒤에서 사마귀가 도끼 발을 쳐들고 잡아먹으려 하고 있었고, 매미는 사마귀의 존재를 알아차리지 못했습니다. 또 사마귀의 뒤에는 참새가 당장이라도 덤벼들 태세를 하고 있었으나 사마귀는 매미에게 정신이 팔려 전혀 눈치를 못 채고 있었습니다. 참새는 참새대로, 먹잇감에 정신이 팔려 나무 밑에서 아이가 새총으로 자신을 겨냥하고 있다는 사실을 까맣게 모르고 있었습니다. 하지만 그 아이 역시 참새에 마음이 가 있어서 발밑에 커다란 물구덩이가 있는 것을 몰랐습니다. 이들은 모두 눈앞의 이익에 마음을 빼앗겨 뒤에서 다가오는 화를 깨닫지 못한 것입니다. 벌레나 범인凡人만이 그런 것이 아닙니다. 지금 폐하께서 하고자 하시는 일 또한 이와 같습니다."

  손숙오의 설득에 장왕은 진나라에 대한 공격을 단념했다.

어리석은 자들은 당장의 이익에 눈이 멀어 뒤에서 다가오는 해로움을 알아차리지 못한다. 어떤 일을 할 때는 항상 주변을 살피고, 미래를 내다볼 줄 알아야 한다. 그리고 지혜로운 자에게 조언을 얻어 신중하게 판단해야 한다.

손등_
현인을 뛰어넘는 현인

죽림칠현의 대표 주자라 할 수 있는 혜강. 그는 해박하고 성품이 강직해 따르는 자가 많았다.

255년 사마소가 정권을 잡았을 때 혜강은 죽림을 떠나 몸을 숨기고 스승을 찾아다녔다. 그때 손등孫登이라는 은자를 만났고 그와 3년간 기거했다. 혜강은 손등에게 가르침을 얻고자 했으나 그는 어떠한 가르침도 주지 않았다. 결국 혜강은 그를 떠나며 이렇게 말했다.

"스승님, 어째서 끝까지 아무 말씀도 안 해주시는 겁니까?"

그러자 손등은 이렇게 말했다.

"자네는 아는 것이 많고, 재능이 뛰어나다네. 하지만 성품이 불같고 식견이 부족하지. 말과 행동을 조심하지 않으면 큰 화를 당할 걸세."

하지만 사람의 기본적인 성품은 쉽게 바뀌지 않는 법이다. 손등의 말대로 혜강은 줄곧 조정에 등용되지 못했고, 결국 권력자로부터 미움을 받아 죽임을 당했다.

자신의 성격을 바꾸기란 쉽지 않다. 그러나 때론 타인의 충고를 받아들여 주어진 환경에 자신을 맞춰야 할 때도 있다. 혜강도 어질고 뛰어난 인물임이 틀림없지만, 그의 단점을 파악하고 훗날을 내다본 손등이 더 지혜로운 사람이라 할 수 있다.

린바이리_
고객의 니즈를 파악하라

린바이리 林百里 는 대만 컴퓨터 제조회사인 광다 廣達 그룹의 회장이다. 그를 세계적인 부호로 만들어준 광다 회사가 처음부터 승승장구했던 것은 아니다.

젊은 시절 그는 친구와 함께 전자 회사를 만들었다. 그러나 화재로 인해 몇억 원의 손실을 보게 되었다. 좌절하지 않고 다시 일어선 린바이리는 희망을 품고 지금의 광다를 설립했다.

창업 초창기에 그는 직접 컴퓨터를 들고 고객을 찾아다녔다. 무거운 컴퓨터를 지고 좁은 골목을 누비면서도 음료수 한 잔이 아까워사 마시지도 못했다.

그의 동료들의 말에 따르면, 엔지니어 출신인 그는 어둠 속에서도 컴퓨터를 뜯고, 다시 조립할 수 있었다고 한다. 이런 그의 프로 정신과 뛰어난 실력은 경쟁회사를 위협했고, 한때 컴퓨터 사업에 진출하려 했던 홍콩의 갑부 리자청李嘉诚도 포기하게 만들었다.

이런 초인간적인 린바이리의 의지력 덕분에 광다 제품은 유럽과 미국으로 진출했고, 곧 세계적인 노트북·컴퓨터 회사로 부상했다.

세계적인 기업가들은 대개 팔방미인이다. 린바이리도 예외는 아니다. 그는 영리하게 경험을 살려 회사와 사회 발전에 대한 긍정적인 관점을 제시했다. 또한 사원들에게는 업무, 재무, 영업 능력을 길러 그들로 하여금 스스로 창업할 수 있도록 격려해 주었다. 그는 강조했다.

"새로운 것을 창조하려면 반드시 다른 사람보다 먼저 나아가야 한다. 그리고 자신의 일에 사명감을 가져야 성취감을 얻을 수 있다."

그는 자신의 성공 비결은 바로 창의력을 발휘하여 시대를 창조한 것이라고 말했다.

세계적인 기업은 고객들의 니즈를 파악하는 능력이 뛰어나다. 고객의 요구를 알기 위해선 그들과 소통하고 교류할 필요가 있다. 이것은 특히 청년 기업가가 성공할 수 있는 하나의 조건이 된다. 시대의 흐름을 읽어 그 시장을 이끄는 자가 진정한 승자인 것이다.

원헌_
진짜 병들고
지쳤다는 것은?

노나라의 원헌原憲이라는 자는 청렴결백한 선비로 이름이 높았다.

그가 사는 집은 초라하기 짝이 없었다. 지붕은 잡초로 엮어 덮었고, 뽕나무로 문설주를 만들었으며 깨진 항아리로 들창을 냈으나 들창 구멍은 누더기로 틀어막아 놓았다. 천장에는 비가 새서 방바닥에 물이 흥건한데 그는 바르게 앉아 거문고를 타며 노래만 하고 있었다.

하루는 공자의 제자인 자공이 마차를 타고 원헌을 만나러 가고 있었다. 그런데 수레가 너무 커서 비좁은 골목에 들어갈 수 없었다. 자공은 어쩔 수 없이 걸어서 원헌을 만나러 갔다. 문 앞에 마중을 나온 원헌은 가죽나무 껍질로 만든 갓에 뒤꿈치가 다 떨어진 신발을 신고 명아줏대 지팡이를 짚고 있었다. 그 모습을 보고 자공이 물었다.

"선생께서는 어찌 이토록 병들고 지치셨습니까?"

이에 원헌이 대답했다.

"나는 재산이 없는 것을 가난이라 하고, 배우고도 실천하지 못하는 것을 병들고 지쳤다고 한다고 알고 있네. 그러니 지금 나는 가난하지만, 결코 병들고 지친 것은 아닐세."

원헌의 말을 들은 자공은 얼굴을 붉히며 자신을 부끄러워했다.

원헌은 이렇게 말했다.
"명예를 바라며 행동하고, 끼리끼리 패거리를 만들어 벗으로 삼고, 남에게 자랑하기 위해 학문을 쌓고, 남을 가르치되 자기의 이익을 취하고, 인의를 빙자하여 사악한 짓을 일삼고, 수레나 말을 장식하는 것을 나는 차마 할 수 없다."

자유_
어설픈 준비는 필요 없다

어느 날 성문 옆 흙더미 위에 살던 황새가 갑자기 둥지를 묘지의 한 비석 위로 옮기고 있었다. 이를 발견한 묘지기가 노나라 지방관인 자유子有에게 보고했다.

"황새가 갑자기 둥지를 높은 곳으로 옮기는 것을 보니, 조만간 큰비가 내릴 것이 분명합니다."

묘지기의 말을 들은 자유는 이렇게 말했다.

"알겠다. 즉시 이 소식을 성 안의 백성들에게 알리고 배를 준비하여 만일에 대비하도록 하여라."

며칠 후 묘지기의 말대로 큰비가 내리기 시작했다. 성문 옆 흙더미는 금세 빗물에 잠겨 버렸고, 계속해서 쏟아지는 비에 흙탕물은 묘지의 비석까지 차올랐다. 황새의 둥지가 빗물에 이리저리 흔들리기 시작하자 방법을 찾지 못한 황새는 슬피 울면서 주변을 날기만 할 뿐이었다. 이 모습을 지켜본 자유는 안타까워 이렇게 말했다.

"저 불쌍한 황새를 어찌할꼬! 홍수가 날 것을 예측하고 그 대책을 세웠으나 미흡하였구나!"

사람은 누구나 미래를 예측하며 살아가지만, 그에 맞춰 완벽하게 대책을 세우는 사람은 드물다. 항상 완벽하게 준비해야 위기를 피할 수 있다. 또한, 아무리 대책을 세워도 뜻밖의 변수는 늘 존재한다는 점을 명심해야 한다.

복부제_
작은 습관에서 비롯되는
무서운 결과

춘추전국 시대 노나라에 복부제宓不齊라는 사람이 있었다.

제나라 군대가 노나라에 쳐들어온다는 소식을 듣고, 현령이었던 복부제는 곧바로 성문을 닫으라고 명령했다. 그때는 마침 보리 수확기라 성문 밖에는 보리가 누렇게 익어 있었다. 다 익은 곡식이 아까웠던 농부가 찾아와 이렇게 간청했다.

"적들이 오기 전에 성 밖의 보리를 수확하게 해 주십시오. 여럿이 서둘러 수확하다 보면 본인이 심은 보리를 남들이 가져가게 될지도 모르지만, 적들에게 빼앗기는 것보다는 낫지 않겠습니까?"

농민의 청원에도 불구하고 복부제는 보리 수확을 허락하지 않았다. 백성들은 그를 원망했다.

얼마 후 제나라 군대가 성에 도착했고, 예상대로 적군은 잘 익은 보리를 전부 거두어 갔다. 전쟁이 끝난 뒤 왕은 적을 이롭게 했다는 죄목으로 복부제를 질책했다. 이에 그는 다음과 같이 말했다.

"물론 백성들이 고생해 심은 보리를 적에게 빼앗긴 것은 참으로 안타깝습니다. 그러나 올해 보리를 수확하지 못하더라도 내년에 또 심으면 됩니다. 하지만 농사를 짓지 않은 사람이 남의 곡식을 얻어간다면 그들은 그것이 버릇이 되어 노력하지 않고 다시금 수확의 기회를 기대할 것입니다."

복부제의 말을 들은 왕은 그의 지혜로움에 감탄했다.

급하다고 손쉽다고 해서 남의 것을 탐하는 버릇이 생기면, 그것은 10년이 가도 고칠 수 없는 무서운 습관이 되어 버리고 만다. 그까짓 정도야 하는 소홀한 마음이 결국 큰일이 되어 걷잡을 수 없게 된다는 사실을 인식하고 있어야 한다. 작은 돌 하나에 큰 담이 무너지듯 작은 법을 지키지 않아 사회질서가 무너질 수 있기 때문이다.

조조_
지혜로운 참모의 중요성

삼국지에 등장하는 조조와 여포의 하비성 전투는 매우 유명하다. 이 전투에서 조조가 승리를 거두는 데는 부하들의 공이 컸다.

196년, 조조는 여포를 공격하기 위해 하비성으로 향했다. 성은 사수泗水와 기수沂水의 강물이 교차하는 지점에 있었다. 조조는 많은 병력을 동원하고 있었지만 수비하기 좋은 요새인 하비성은 쉽게 공격할 수가 없었다.

조조와 여포는 성을 사이에 두고 몇 달이나 대치했다. 이런 상황이 계속되자 조조의 병사들은 하나둘씩 지쳐갔다. 바로 이때 조조의 참모인 곽가가 다음과 같은 전략을 내놓았다.

"사수와 기수의 둑을 무너뜨려 성 안으로 물이 들어가게 만드는 것이 어떻겠습니까?"

곽가의 제안에 조조는 무릎을 치며 서둘러 두 개의 강둑을 무너뜨
리도록 명했다. 물은 금세 성벽까지 차올라 점점 고립돼 갔다. 조조
는 물이 덜 차오른 동문으로 공격을 감행해 여포를 생포했고, 살려달
라고 비는 여포의 목을 가차 없이 베어버렸다.

하비성 전투의 승리로 조조는 당대의 영웅으로 떠올랐다. 뛰어난
참모의 조언이 얼마나 중요한지를 보여준 전투였다.

적벽대전에서 패한 조조는 "곽가가 있었으면 지지 않았을 텐데"라며 그를
그리워했다. 그만큼 조조에게 있어 곽가는 뛰어난 참모였다. 우리는 항상 리
더만 기억한다. 그러나 뛰어난 리더 옆에는 지혜로운 참모가 있는 법이다.

천자경_
사업가는 대담해야 한다

천자경陳嘉庚은 싱가포르에서 고무사업으로 성공한 인물이다.

젊은 시절 그는 어느 영국인으로부터 영국의 한 주식회사가 싱가포르의 고무나무 밭을 고가로 매입했다는 이야기를 들었다. 천자경은 곧바로 고무사업의 가능성을 예측하고 상당한 면적의 고무나무 밭을 사들였다.

고무시장이 성장하면서 영국, 일본의 장사꾼들이 벌 떼처럼 달려들었다. 얼마 지나지 않아 이 시장은 포화상태에 이르렀고, 고무 가격은 계속해서 떨어졌다. 이에 고무공장들은 적자 행진을 면치 못했다. 천자경의 공장 역시 예외가 아니었다.

그러나 천자경은 이에 위축되지 않고 현실을 냉정하게 분석하고 대책을 세웠다. 고무의 쓰임새가 광범위하기 때문에 이러한 혼란 상태는 일시적일 것이라고 예측했다. 그래서 천자경은 남들이 고무나무 농원과 고무공장을 팔 때 반대로 고무공장 9개를 사들이고, 거액을 들여 공장 설비를 확장했다.

천자경의 예상대로 들어맞았다. 시장의 고무 값이 오르면서 고무공장이 활기를 띠기 시작한 것이다. 그의 회사는 세계 각지의 판매시장을 장악하기 시작해 1925년, 난양南洋 최대 규모의 기업이 되었고 이로써 천자경은 '고무대왕'의 자리에 등극하게 됐다.

사업하는 사람은 정보에 민감하고 앞날을 내다볼 줄 알아야 한다. 많은 사람들이 유행에 휩쓸려 사업에 손을 댈 때, 앞으로도 전망이 있는 사업인지 냉철하게 분석해야 한다. 또한, 상황이 악화되더라도 나아질 가능성이 있는지 파악해 사업을 접을지 밀고 나가야 할지 결정해야 한다. 남들이 하는 대로 따라가서는 영원히 성공할 수 없다.

장자_
쓸모없는 것의 가치

혜자는 중국 위나라 재상으로 당대 최고의 사상가였다.

어느 날 혜자가 장자를 찾아가 이렇게 말했다.

"자네의 가르침은 하나도 쓸모 있는 것이 없네."

이에 장자가 이렇게 말했다.

"쓸모없는 것의 가치를 아는 사람만이 쓸모 있는 것에 대해 말할 자격이 있는 법이네. 가령, 자네가 서 있는 이 땅은 매우 넓지. 그러나 우리에게 필요한 땅은 단지 두 발이 딛고 설 수 있는 자그마한 면적뿐일세. 그렇다고 해서 발 크기만큼의 땅만 남기고 주위의 땅을 몽땅 파버린다면 우리에게 무슨 의미가 있겠는가?"

혜자는 장자의 물음에 답했다.

"그야 물론 아무 의미가 없지."

그러자 장자가 의미심장하게 말했다.

"그것 보게. 쓸모없는 것이야말로 참으로 유용한 것이라는 걸 알 수 있지 않은가?"

우리 주변에는 불필요한 것처럼 보여도 사실 유용한 것들이 많다. 사람들은 유용한 것만 관심을 두기에 평소 무용한 것에 대해 제대로 느끼지 못하고 있다. 장자의 말대로 쓸모없는 것의 가치를 깨닫는다면 인생의 의미를 새롭게 발견할 수 있을 것이다.

장문거_
포기할 줄 아는 것이
용기다

중국의 한 방송국에서 글쓰기를 좋아하는 시민을 초대해 이야기를 나누었다. 그는 30년간 부지런히 글을 써서 지금까지 쓴 초고만 해도 작은 방 하나를 가득 메울 정도라고 한다. 그런데 그렇게 많은 글을 쓰고 투고했지만 받아준 출판사는 한 곳도 없었다.

그는 자신의 이야기를 들려주면서 눈물을 흘렸다. 사회자가 남자에게 앞으로 어떤 계획을 갖고 있느냐고 물었다. 그러자 그는 눈물을 닦고 당당하게 말했다.

"앞으로 더 부지런히 글을 쓰겠습니다."

방청객들은 그에게 열렬한 박수를 보냈다.

장문거 역시 어려서부터 작가가 되겠다는 꿈을 가지고 있었다. 그는 10년을 하루같이 노력하면서 한 편의 글을 다 쓰면 고치고 또 고쳐서 그것을 잡지사나 신문사에 투고했다. 수년 동안 그렇게 노력했지만, 잡지사로부터 아무런 소식이 없었다.

그가 29세 되던 해, 처음으로 거절의 편지 한 통을 받았다. 그 편지는 그가 여러 차례 원고를 보냈던 잡지사의 주간이 보낸 것이었다.

"당신의 글에는 노력이 느껴집니다. 그러나 유감스럽게도 당신은 지식이 협소하고 필력 또한 뛰어나다 할 수 없습니다. 허나 당신이 보낸 여러 편의 원고를 보면서 육필 글씨가 점점 나아지고 있다는 사실을 발견했습니다."

시간이 흘러 장문거는 중국에서 유명한 경필硬筆 서예가가 되었다. 한 기자가 그를 인터뷰하면서 이렇게 물었다.

"성공하기 위한 가장 중요한 조건은 무엇이라고 생각합니까?"

그 질문에 장문거는 이렇게 대답했다.

"한 사람의 성공 여부는 그 사람의 노력과 의지에 달려 있습니다. 그러나 이보다 더 중요한 것은 '포기할 수 있는 용기'입니다."

누구나 꿈을 갖고 그것을 이루기 위해 노력한다. 그러나 아무리 노력해도 재능이 없어 더 나아갈 수 없다면 과감하게 포기하고 새로운 길을 택해야 한다. 성공하기 위해서는 어느 정도 타고난 재능도 필요하기 때문이다.

하약필_
상대가 방심한 틈을
노려라

589년 수나라는 군사를 일으켜 진나라로 쳐들어갔다. 이에 당황한 진나라는 병마를 총집결하여 결사항전 태세를 갖추었다. 이에 수나라 장수 하약필賀若弼은 상대를 힘으로 공격하기가 힘들다고 판단하고 계책을 세웠다.

그는 진나라의 도읍 건강健康:난징의 옛 이름과 매우 가까운 강에 진을 치고 부대를 이동하거나 교체할 때마다 깃발을 휘둘렀다. 그럴 때마다 진나라는 수나라 군대가 공격해 오는 것으로 착각해 경계 태세를 갖추곤 했다. 그런데 수일이 지나도 수나라 군대는 여전히 요란하게 떠들어대기만 할 뿐 공격하지 않았다. 진나라는 첩자를 통해 수나라 부대가 출병하는 게 아니라는 사실을 알게 되었다. 그 후 진나라 군사들은 수나라 군대가 교대하거나 부대를 이동해도 거들떠보지 않았다.

진나라의 경계가 느슨해진 틈을 타 하약필은 대군을 이끌고 진나라로 향했다. 이 광경을 본 진나라 병사가 급히 장군에게 적진의 상황을 보고했다. 장군은 심드렁한 표정으로 손을 내저었다.

"그래, 나도 알고 있다. 알고 있으니 물러가거라."

그러나 수나라의 북소리는 점점 높아만 갔다. 평소와 다름을 느낀 진나라 장군은 그제야 부랴부랴 막사 밖으로 뛰어나왔다. 그는 당황하며 집결 명령을 내렸다.

그 순간 쾅하는 굉음과 함께 성문이 무너졌다. 뒤이어 수나라 군사들이 밀물처럼 진나라 도성으로 쏟아져 들어왔다.

사람들은 습관이 돼 익숙해진 것은 의심하지 않는다. 그러나 상대는 우리가 허술해지기를 항상 노리고 있다. 높은 위치에 있는 자라면 방심하는 순간 무너질 수 있다는 사실을 꼭 기억해야 한다.

PART 4

실패의 미학

에디슨은 전구를 발명할 때 100번의 실험 중 99번을 실패했다. 그러나 그는 "나는 99번 실패한 것이 아니라 99가지의 잘못된 방법을 알아낸 것이다"라고 말했다. 그의 말처럼 진짜 실패는 실패 그 자체가 아니라 시도조차 해 보지 않은 것이다.

휘트니_
꿈을 향해 묵묵히 걸어라

　가난한 농부의 아들로 태어난 휘트니에게는 큰 꿈이 있었다. 그것은 바로 회사의 사장이 되는 것이다.

　1910년 도시로 올라온 그는 몇몇 친구들과 함께 방세가 싼 셋집을 얻었고 곧 일자리를 찾았다. 그의 첫 번째 직장은 식료품 판매점이었다. 계약직 판매원이었던 그는 판매 상황을 파악하기 위해 점심시간에도 도매시장에 가서 일을 했다. 그의 성실함을 알게 된 사장은 그를 정식직원으로 전환시켜줬다. 그 후에도 그는 변함없이 성실하게 일했고, 승진을 거듭한 끝에 결국 지점장의 자리까지 오르게 되었다. 그래도 휘트니는 자기의 꿈을 한시도 잊은 적이 없었다. 마침내 그는 꿈을 실현하기 위해 '블루문 치즈'라는 식품회사를 차리게 됐다.

휘트니는 젊은 시절 셋집에 함께 살았던 친구들에게 이렇게 말했다.

"어느 날, 잠에서 깨어보니 대기업 회장이 되어 있었다네."

이 말은 지나친 겸손이다. 그가 유명 기업의 회장이 된 것은 어떤 상황에서도 스스로를 격려하며 자신의 꿈을 향해 묵묵히 걸어온 당연한 결과였다.

성공한 사람들의 공통적인 특징은 그들에게 확고부동한 꿈이 있다는 것이다. 그들은 그 어떤 역경 속에서도 자신의 꿈을 포기하지 않는다. 꿈을 포기하는 순간, 성공에 대한 목표가 물거품처럼 사라져 버리기 쉽다는 걸 알기 때문이다.

잔톈여우_
포기를 모르는 철도왕

중국 청나라 말기, 정부는 중국 스스로의 힘으로 베이징과 장자커우张家口를 잇는 경장철도를 건설하기로 했다. 그러자 영국과 러시아는 자국의 도움 없이 중국의 기술로는 절대 철도를 건설하지 못할 것이라고 호언장담했다.

정부는 중국의 철도 기술자 잔톈여우詹天佑에게 총 책임을 맡겼다. 그는 풍부한 자원을 보유한 중국이 철도를 부설하는 데 외국의 도움을 받는 것은 수치라며 온전히 중국의 기술력으로 철도를 건설하겠다는 의지를 보였다.

경장철도는 200km밖에 되지 않지만, 만리장성의 험준한 팔달령八達蝶을 지나야 했기 때문에 공정은 쉽지 않았다. 하지만 애국심과 자신감에 가득 찬 잔톈여우는 난관을 하나씩 하나씩 헤쳐 나갔다. 그 결과 원래 6년으로 계획했던 시공기간을 4년으로 단축했고, 공사비도 당초 예산보다 훨씬 절약했다.

1919년 사망한 그는 중국에서 최초로 직접 설계한 도면으로 철도를 건설한 인물로 존경받고 있다.

흔히 성공하는 데는 재능과 능력이 있어야 한다고들 한다. 하지만 이와 함께 확고한 목표가 있어야 한다. 목표가 있으면 어떠한 난관도 극복할 수 있기 때문이다.

링컨_
27번의 실패가
가져다준 성공

평범한 사람이라면 한 번의 좌절에도 다시 일어서기 힘들다. 그런데 위인 중에는 백절불굴百折不屈의 정신으로 성공한 사람들이 많다. 그중 한 사람을 소개하고자 한다.

그는 10살 때 어머니를 여의고, 15세 때 집을 잃고 길거리로 쫓겨났다. 25세에는 사업이 파산했고, 26세에는 약혼자가 갑작스럽게 세상을 떠났다. 그 슬픔으로 28세에는 정신병원에서 치료를 받아야 할 정도로 정신이 황폐해졌다. 30세에 주의회 의장직 선거에서 패배하고, 35세에 하원의원 선거에 낙선했다. 38세에는 하원의원으로 당선됐으나 40세에 재선거에서는 낙선했다. 42세에는 둘째 아들이 사망했고, 47세에 상원의원 선거에서 실패했다. 48세엔 부통령 경선에서 실패했다. 그리고 마침내 52세에 대통령에 당선되었다.

그가 바로 미국 역사상 워싱턴과 더불어 가장 위대한 대통령 에이브러햄 링컨이다.

링컨을 연구한 전문가들은 그가 27번의 실패를 했다고 분석하고 있다. 링컨은 넘어지고 또 넘어졌지만, 다시 일어섰다. 이것이 바로 백 번 꺾어도 굽히지 않는 '백절불굴'인 것이다. 이것이 바로 그가 성공할 수 있는 비결이었다.

모든 성공은 실패로부터 시작된다. 그래서 실패를 성공의 어머니라고 하는 것이다. 실패에서 교훈을 찾고 새로운 다짐으로 대담하게 시행할 때 성공으로 가는 길이 열린다.

노벨_
시련 없이
성공을 바라지 말라

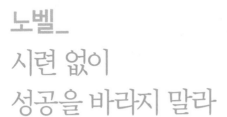

노벨은 쉽게 폭발하는 니트로글리세린 폭약을 연구하기 시작했다. 보다 안정적인 폭발 방법을 알아내기 위해서였다. 50여 차례나 실험하고 나서야 뇌관을 발명할 수 있었다.

이렇게 다이너마이트의 역사는 시작됐다. 그러나 폭발 실험은 순조롭지 않았다. 한번은 작업실이 붕괴돼 함께 일하던 다섯 사람을 희생시켰다. 희생자 가운데는 21살의 친동생도 있었다. 이런 아들의 모습을 보고 노벨의 아버지도 충격을 못 이겨 중풍에 시달렸다. 형은 당장 실험을 중단할 것을 권고했다. 정부도 가만있지 않았다. 주민 거주지에 니트로글리세린의 제조와 저장을 금지시켰다.

노벨은 잠시 마음이 흔들렸다. 하지만 미지의 세계를 탐구하려는 욕망과 열정에 다시 실험을 강행했다. 그렇게 노벨이 폭발로 폐허가 된 장소에 복귀했을 때 주위 사람들은 공포에 떨었다. 그를 법의 이름으로 심판하려는 사람도 있었다. 할 수 없이 노벨은 다른 실험장소를 찾아야 했다. 그렇게 찾은 곳은 교외의 늪 위에 있는 작은 선박이었다. 연구실을 옮겨야 하는 당시의 상황은 시련이었지만 뒤돌아보면 행운이었다. 인적이 뜸한 그 근처에 한 부유한 상인이 노벨을 내세워 세계에서 첫 번째로 니트로글리세린 공장을 건립했기 때문이다.

물론 초반에는 시련이 끊이지 않았다. 잦은 폭발사고로 노벨의 회사를 죽음을 파는 기업으로 부르기까지 했다. 세계 여러 나라에서는 제품 수입도 금지했다. 그러나 산전수전 다 겪었던 노벨이었기에 낙담하지 않았다. 그는 자신의 특허를 보호하기 위해 소송까지 불사하며 여러 나라를 돌아다녔다. 이런 생활이 그의 인생 대부분을 차지한다.

열심히 뛰어다닌 결과 노벨은 샌프란시스코 서쪽에 추가로 공장을 설립할 수 있었다. 그런데 이번에는 독일의 공장이 강력한 폭발로 훼손돼 사업 확장이라고 부르기 무색한 실정이었다. 노벨은 더욱 완강하게 안전 문제에 매달렸다.

끊임없는 도전 끝에 마침내 규조토의 기능을 알게 됐다. 흡수성이 강한 규조토는 니트로글리세린을 안정화해 쉽게 폭발하지 않는 황색 폭약을 가능케 했다. 이후 그는 세계 최고의 부자 자리에 오르게 된다.

노벨은 자신의 생명이 끝나는 날까지 탐구를 계속했다. 인생의 폭풍 속에서도 용기와 꿈을 잃지 않은 것이다. 작은 성취에서 오는 희열과 그것이 맥없이 무너지는 허무감 사이를 오가면서도 자신의 소신을 지켰다.
　　아름다운 인생의 가치는 그냥 만들어지는 것이 아니다. 시련 속에서 탄생하는 것이다.

　생각의 크기만큼 자란다

공자_
경지에 이른다는 것

어느 날, 안회가 공자를 찾아와 조심스럽게 말했다.

"스승님, 저의 수양도 이제는 어느 정도 경지에 이른 듯합니다."

"허허, 어째서 그렇게 생각하느냐?"

"저는 인의仁義를 잊어버릴 수 있게 되었습니다."

"음, 물론 맞는 말이지만, 그것으로 경지에 이르렀다고 말하기에는 아직 부족함이 있다."

후에 다시 안회가 공자를 찾아와 말했다.

"스승님, 저는 일전에 왔을 때보다 한층 발전했습니다."

"어허, 그건 또 어떤 의미로 그렇다는 것이냐?"

"저는 예락禮樂을 잊어버릴 수 있게 되었습니다."

"잘했다. 하지만 아직도 충분하다고는 할 수 없지."

오랜 시간이 지난 뒤 안회가 또 공자를 찾아와 말했다.

"스승님, 저는 더욱 진보했습니다. 이제 좌망坐忘할 수 있게 되었습니다."

"좌망? 그게 무엇이냐?"

공자가 진지하게 물었다. 안회가 대답했다.

"오체五體에 힘을 빼고 일체의 감각을 없애고 몸도 마음도 텅 비워서 도道의 움직임을 받아들이는 것입니다."

이에 공자가 좌망에 대해 설파했다.

"도의 움직임을 받아들인다면 시비선악是非善惡의 감정에 구애됨이 없이 도와 함께 변화되어 무한의 자유를 획득할 수 있을 것이다. 벌써 너는 거기까지 도달했단 말이냐? 나도 뒤지지 않도록 정진해야겠구나."

공자가 말한 좌망은 무심의 경지 즉, 잡념을 제거한 상태를 말한다. 아무 것도 의식하지 않고, 어떤 것에도 구애받지 않는 상태인 것이다. 그런 경지에 도달하면 고정관념에 얽매이지 않고 허심탄회하게 유동하는 정세에 대처할 수 있게 된다. 그러므로 좌망의 경지를 내 것으로 만들 때 비로소 오류가 없는 결정을 내릴 수 있다.

마쓰시타 고노스케_
인재를 활용하는 능력

'경영의 신'으로 불리는 마쓰시타 고노스케松下幸之助. 가난한 집에서 태어난 그는 초등학교 4학년 때 학교를 그만두고 자전거 가게에서 점원으로 일했다. 마쓰시타는 어린 시절부터 갖가지 일을 하며 쌓은 경험으로 1918년 마쓰시타 전기기구제작소를 창업했다.

1920년대 후반, 세계적인 경제 불황으로 월가의 주가가 대폭락했다. 한창 사업 확장 준비를 하던 그의 회사 역시 위기를 맞았다. 연일 매출이 절반으로 떨어지자 보다 못한 임원들은 직원을 감축하자고 건의했다. 그러나 마쓰시타는 이렇게 말했다.

"한 명의 사원도 해고하지 않겠습니다. 급여 또한 깎지 않겠습니다."

간부들이 공장에 돌아가 아무도 해고하지 않겠다는 회사의 방침을 전하자 사원들은 사장의 배려에 감동했고, 모두 하나가 되어 열심히 일했다. 마쓰시타는 사원을 해고하는 대신 생산량을 반으로 줄이고 창고에 쌓여 있는 재고를 몽땅 팔아치우는 등의 전략을 세워 고비를 넘겼다. 그 결과 두 달 만에 공장을 정상가동할 수 있었다.

그는 1935년 '마쓰시타 전기산업주식회사'로 이름을 바꾸고 그 후 내셔널National 과 파나소닉Panasonic 을 세계적인 브랜드로 키웠다. 그가 이룬 성공에는 사람에 대한 신뢰와 존중이 밑바탕에 깔려 있었다.

그는 자신의 경영철학에 대해 다음과 같이 말했다.

"회사가 발전하느냐 마느냐, 사회에 공헌하는가 못 하는가는 직원들의 생각 하나하나로 결정되는 것이라고 생각합니다. 그렇기 때문에 직원들을 반드시 성장시켜야 합니다."

학력이 높은 것도 아닌, 스스로 특별한 재능도 없는 평범한 사람이라고 말하는 이 위대한 경영인의 성공비결은 직원을 신뢰하는 것이었다.

마쓰시타 고노스케는 이렇게 말했다.
"나는 주위 사람들에게 인재 기용을 잘한다는 말을 자주 듣는데, 내가 그런 말을 들을 수 있는 이유는 직원들을 나보다 훌륭하게 보기 때문이다."
위대한 리더는 스스로 가장 낮은 자다. 리더의 위치가 낮은 만큼 기업의 가치가 높아진다.

강태공_
기다림의 미덕

강태공은 낚시꾼을 비유적으로 이르는 대명사다. 실제로 강태공은 중국 상나라 시대의 위대한 정치가이자 사상가였다.

당시 상나라는 주왕紂王의 난폭함이 극에 달해 백성들의 원성이 매우 높았다. 그때 상나라의 서쪽에서는 주周가 날로 세력을 키우고 있었다. 포악한 주왕이 민심을 잃었음을 안 주의 문왕은 상나라를 공격하기로 했다. 그는 자신을 도와 상나라를 칠 만한 인재를 물색하기 시작했다.

강태공 또한 문왕이 어지러운 상나라를 안정시킬 수 있다고 여겼다. 그리하여 강태공은 문왕을 만나기 위해 3년이라는 긴 시간을 강가에서 보냈다.

하루는 문왕이 아들과 사냥을 나갔다가 저 멀리 한 노인이 낚싯줄을 강물에 던지고 있는 것을 보았다. 문왕은 노인 곁으로 즉, 강태공에게 다가가 이야기를 건넸다. 그와 이야기를 나누어보고 문왕은 그가 보통 인물이 아님을 간파했다. 그리하여 문왕은 강태공을 스승으로 받들겠다고 약속했다.

그 후 강태공은 문왕을 도와 주나라가 천하를 제패하는 데 큰 공을 세웠다. 오랜 기다림 끝에 마침내 좋은 때를 만난 강태공은 비로소 자신의 뜻을 이룰 수 있었던 것이다.

강태공은 평생 자기를 알아주는 군주를 만나지 못하고 몇 십 년 동안 방랑생활을 하다가 팔순 가까이 돼서 천하를 얻었다. 그는 온갖 풍파를 겪으면서도 하늘을 원망하거나 포기하지 않았다. 늘 조급해하고 초조해 하는 우리들에게 그는 '기다림'이라는 교훈을 준다.

김득신_
스스로 한계 짓지 말라

백곡栢谷 김득신은 조선시대 사대부 집안으로 명문가의 자손이었다. 정 3품 부제학이었던 아버지가 꿈을 꾸었는데 노자와 만나서 대화를 하다가 노자가 사라지고 그곳에 거북이가 나타났다고 한다. 바로 이 꿈이 김득신의 태몽이었다.

그는 어렸을 때부터 고등 교육을 받으며 사람들의 기대를 한몸에 받았지만, 전혀 총명하지 못했다. 10살이 되어서야 글을 깨우쳤으며 20세가 되어 겨우 글을 지을 정도로 학문에 대한 이해와 배움이 느렸다. 그런 그에게 우둔하다며 손가락질하는 사람도 많았으나 아버지는 늘 그를 격려해주었다.

"공부는 꼭 과거 시험을 보기 위한 것이 아니니 더 열심히 노력하거라."

아버지의 응원에 힘입어 김득신은 읽은 것을 또 읽고 외워질 때까지 노력을 게을리하지 않았다. 그는 하루 종일 읽은 것조차 외우지 못하자 옆에 있던 하인이 외울 정도였다고 한다. 그래도 김득신은 포기하지 않았다. 밥 먹을 때도 길을 걸으면서도 그는 책을 손에서 놓지 않고 끊임없이 읽었다.

《사기史記》의 '백이전伯夷傳'을 11만 3천 번, '노자전老子傳' '분왕分王' '벽력금霹靂琴' '주책周策' 등을 2만 번 읽은 것을 비롯해서 36편의 책을 1만 번 이상 읽었다고 한다. 또한, 글 읽기를 1만 번 이상 하지 않으면 멈추지 않았다고 해서 그의 서재에 억만재億萬齋라는 이름이 붙여지기도 했다.

이러한 각고의 끝에 그는 59세의 나이에 결국 성균관 소과에 합격할 수 있었다. 효종은 그가 지은 용호음龍湖吟이라는 시를 보고는 중국의 명작에 넣어도 손색이 없다며 극찬했다고 한다.

누구보다 아둔하고 배움이 더딘 사람이었던 백곡 김득신. 그는 조선시대에 정약용, 황덕길과 함께 대기만성의 상징으로 꼽히는 인물이다. 자신을 믿어준 아버지와 스스로 부족함을 알고 누구보다 열심히 노력한 그의 열정으로 결국 김득신은 조선 최고의 시인으로 이름을 남길 수 있었다.

"재주가 남만 못하다고 스스로 한계를 짓지 말라. 나보다 어리석고 둔한 사람도 없겠지만 결국에는 이룸이 있었다. 모든 것은 힘쓰는 데 달렸을 따름이다."

그가 남긴 묘비 문의 일부다. 누구보다 부족한 사람이었지만 스스로 자신의 한계를 짓지 않고 더 많은 노력을 한 결과 그는 끝내 이룰 수 있었다. 자신이 남들보다 느리고 못하다고 스스로 자신의 한계를 단정 지어선 안 된다. 노력에는 한계가 없기 때문이다.

빌 게이츠_
돈을 의미 있게 쓰는 법

　2014년 여름 마이크로소프트의 창업자 빌 게이츠 Bill Gates가 '아이스버킷챌린지'에 동참해 화제를 모았다. 아이스버킷챌린지는 미국 ALS Amyotrophic Lateral Sclerosis 협회에서 루게릭병의 치료법을 개발하고 환자들을 돕자는 취지에서 고안한 캠페인으로 기부를 하거나 얼음물을 뒤집어쓴 뒤 다음 참가자를 지목하는 형태다. 빌 게이츠는 물벼락 세례를 받은 후 환한 미소를 지으며 여유로운 모습을 보였다.

　세계 1위의 부호답게 그는 평소 통 큰 기부를 하는 것으로 잘 알려져 있다. 2000년에 설립된 빌 & 멜린다 게이츠 재단 Bill & Melinda Gates Foundation은 민간 재단 중 세계에서 가장 규모가 크며, 주로 국제 보건 의료 확대와 빈곤 퇴치, 교육 기회 확대 등을 목적으로 운영하고 있다.

빌 게이츠가 처음부터 자선 활동에 적극적이었던 것은 아니다. 프로그램 개발과 회사 경영에 빠졌던 그는 2000년 초 마이크로소프트 최고경영자 자리에서 물러나면서부터 자선사업에 관심을 두기 시작했다. 그의 이러한 변화에는 아내 멜린다 게이츠의 역할이 컸다.

1987년 마이크로소프트사에 입사한 그녀는 빌 게이츠와 결혼 후 남편의 내조에 힘썼다. 1993년 아프리카 여행을 떠났던 그녀는 다 떨어진 옷에 맨발로 다니는 아프리카 사람들의 모습을 보고 충격에 빠졌다. 그녀는 남편을 설득해 재단을 설립한 뒤 빈민구호와 난민퇴치에 힘썼다.

2005년 빌 게이츠는 한 연설에서 "내가 자선사업을 하게 된 것은 아내의 영향 때문"이라고 밝힌 바 있다. 그가 위대한 부호가 된 배경에는 지혜로운 아내의 내조가 숨어 있었던 것이었다.

세계적인 부호들은 기부에 대한 열정도 대단하다. 빌 게이츠뿐만 아니라 워런 버핏, 마크 주커버그 등도 세금은 물론이고 기부에 절대 인색하지 않다. 부와 명예를 틀어쥐고 가족에게 물려주려 온갖 편법으로 재산을 은닉하는 일부의 부호들은 이들을 본받아야 할 것이다.

스티브 잡스_
혁신은 실패에서
시작된다

2011년 10월 5일, 전 세계는 추모의 물결로 가득했다. 희대의 괴짜 CEO, 스티브 잡스가 세상을 떠나던 날이었다.

입양아 출신이었던 그는 청년 시절 낙제생에다가 외톨이 기질도 다분했다. 잘 다니던 대학도 때려치웠고, 히피 차림으로 인도를 유랑하기도 했다. 이런 그가 어떻게 오늘날 혁신의 아이콘으로 불리게 됐을까. 그가 2005년 스탠퍼드대학 졸업식에서 한 말에서 그의 인생을 관통하는 신념을 찾아볼 수 있다. 바로 '계속 갈망하고, 늘 우직하라 Stay Hungry, Stay Foolish'라는 명언이다.

어렸을 때 읽은 책에서 봤던 이 말은 끊임없이 새로움을 갈망하는 스티브 잡스에게 평생의 신조가 됐다. 그는 평생 안주하지 않고 혁신에 혁신을 꿈꿨다. 비단 그의 사업에서뿐만 아니라 인생이 그랬다. 기술업계에서 일하면서도 기술 자체의 경쟁에 치열한 일반 회사와는 달리 다른 무언가를 추구했다. 남들보다 뛰어나기 위해 노력한 게 아니고 다른 곳에는 없는 특별한 제품과 서비스로 승부를 보려고 했다.

결과적으로 아이폰 등 히트작들을 내놓게 됐지만, 과정은 순탄치 않았다. 남들이 보지 못하는 부분을 현실화하려 했기에 당장 필요한 것을 요구하는 임직원들과 자주 부딪혔다. 무모하게 보이는 투자를 계속해 회사의 수익성이 악화되자 그가 창업했던 회사인 애플에서 비참하게 쫓겨나는 수모도 겪었다. 하지만 그는 좌절하지 않았다. 오히려 새로운 도전에 나섰다. 그래픽 전용 컴퓨터 회사인 넥스트 NeXT 사를 세웠고, 픽사 Pixar를 인수해 애니메이션 제작 사업에도 뛰어든 것이다.

초반의 어려움은 있었지만, 사업 결과는 나쁘지 않았다. 운영체제에 대한 기술력이 뛰어났던 넥스트사는 이후 애플에 인수됐다. 그 결과 스티브 잡스는 애플에 재입성할 수 있었다. CEO 자리를 되찾은 잡스의 성과는 놀라웠다. 아이팟, 아이폰, 아이패드 등 히트작을 잇달아 내놓으며 혁신의 아이콘이란 이미지를 만들었다. 그는 모바일 인터넷 시장의 구도를 바꾸면서 사회적으로도 엄청난 변화를 몰고 왔다. 그리고 이 변화는 그의 사후에도 여전히 진행형이다.

에디슨은 "실패는 성공의 과정"이라고 했다. 스티브 잡스 역시 오늘날 혁신의 아이콘으로 자리 잡기 전까지 수많은 실패를 경험했다. 리사, 애플3, 넥스트 컴퓨터 등 그에게 엄청난 손실을 부른 제품들은 한둘이 아니었다. 그가 만약 수익만 계산해서 비즈니스를 했다면 오늘날 그에 대한 평가가 달라졌을 것이다. 잡스는 남들이 현실적인 이유로 하지 못한 일을 했기에 위대한 인물이 되었다.

오웬 존스_
누구나
실패할 권리가 있다

　로레알 그룹은 세계 최대의 화장품 회사로, 우리가 잘 알고 있는 랑콤, 비오템, 메이블린, 바디샵 등이 이 회사의 대표적인 브랜드다.

　'OJ'로 통하는 오웬 존스 회장은 로레알을 세계적인 기업으로 끌어올렸다. 그는 영국 출신으로 옥스퍼드대에서 언어학을 전공하고, 1969년 23세에 로레알에 입사했다.

　그는 슈퍼마켓 샴푸 판매원부터 시작해 능력을 인정받아 차근차근 성장해 나가면서 벨기에, 이탈리아, 미국 지사장을 역임했다. 벨기에에서는 샘플을 이용한 홍보를 제안해 마케팅 능력을 인정받았고, 미국에서는 1983년 한 해 동안 미국 내 랑콤 판매량을 25%나 신장시켰다. 마침내 그는 1988년 로레알의 4대 회장으로 선출되었다. 프랑스의 대기업에서 외국인으로서는 최초로 회장직에 오른 인물이기도 하다.

오웬 존스는 재임기간 동안 아프리카 시장을 공략할 계획을 세웠다. 로레알은 남아프리카 출신 영화배우 샤를리즈 테론을 모델로 내세웠다. 그러자 미국 내 흑인 시장은 물론이고, 한때 남아프리카 헤어 제품의 40%를 로레알이 점유하는 등 좋은 반응을 끌었다.

그의 이러한 도전정신 덕분에 로레알은 2003년까지 19년 연속 두 자릿수 성장률을 기록할 수 있었다.

오웬 존스는 "누구나 실패할 권리가 있다"며 실패의 미학을 강조했다. 이러한 도전정신은 로레알을 세계적인 기업으로 만들었다. 대기업은 위험을 피하고 안정을 유지하려는 경향이 강한데 이럴 때일수록 경영자가 적극적으로 나서야 한다.

골드스미스_
고통과 좌절은 없다

영국이 낳은 유명 작가, 올리버 골드스미스 Oliver Goldsmith 는, 어릴 적부터 총명했던 것은 아니었다. 어머니는 늘 그에게 잔소리했다.

"얘야, 넌 언제까지 그렇게 멍청하게 앉아 있을 거니?"

골드스미스는 남다른 데라곤 한 군데도 없는 아주 평범한 아이였다.

"골드스미스 봐요. 저 아이는 늘 멍청하지 않아요?"라고 남들이 쑥덕대는 소리를 들을 때마다 그는 너무도 마음이 고통스러웠다. 그렇다고 그렇게 말한 사람에게 싫은 말도 하지 못했다. 다만 이런저런 책을 골라 읽으며 상상의 날개를 펼칠 뿐이었다.

책은 그만의 독특한 세계관을 만들어줬다. 어느 순간부터는 주위 사람들에게 더 이상 멍청이가 아닌 특별한 사람이 되어가고 있었다.

그렇다고 모든 시련이 끝이 난 건 아니었다. 이번엔 원인을 알 수 없는 불치병이 그를 괴롭혔다. 정상적인 생활을 할 수 없을 정도로 말이다. 그 순간에도 삶을 버티게 한 건 글과 책이었다.

어린 시절부터 읽었던 다양한 책은 그에게 남다른 필력을 키워줬다. 글 쓰는 일이라면 누구보다 자신감이 넘쳤고, 매일 혼자 글을 쓰며 시간을 보냈다. 문제는 실력이 전문가들의 눈에 들 정도는 아니었다는 것이다. 신문사나 잡지사에 글을 꾸준히 보냈지만, 매번 반송이 돼 돌아왔다. 하지만 골드스미스는 그들을 원망하지 않았다. 마치 어린 시절 자신을 괴롭히던 아이들에게 그랬던 것처럼. 대신 이렇게 생각했다.

'내 글에 문제가 있는 게 틀림없어.'

그는 반송된 글들을 끊임없이 분석하고 다시 고쳐 썼다. 어느덧 실력이 높아졌고, 지식인들도 좋아할 만한 글이 나오기 시작했다. 퇴짜만 놓던 잡지사에서도 기쁨의 전보가 날아왔다. 글을 연재하겠다는 내용이었다. 골드스미스는 눈물을 흘렸다. 글 실력을 가다듬으며 유명 작가가 된 그는 독자들의 찬사를 들을 때마다 이렇게 말하곤 했다.

"제가 지금 누리고 있는 명성은 실패했을 때마다 좌절하지 않고 다시 일어섰기 때문에 가능한 것이었습니다. 그렇지 않았다면 지금 이 자리에 없었을 것입니다."

운명은 쇠사슬과 같다. 이 쇠사슬은 우릴 고통과 좌절의 심연 속으로 끌고 들어가곤 한다. 그대로 끌려갈 것인지, 끊어버릴 것인지는 당신의 결정에 달려 있다.

PART 5

성공하려면
남과 달라야 한다

✕✕✕✕

성공하는 사람들은 결정적인 순간에 남과 다름을 보여준다. 모두가
NO를 외칠 때 혼자 YES라고 말하거나 많은 사람이 배신자에게 등을
돌릴 때 그를 끌어안는다. 남과 같은 사고와 행동을 해서는 결코 성공
할 수 없다.

제임스 와트_
총명한 사람과 보통 사람

증기기관을 발명한 제임스 와트 James Watt 는 한때 글래스고대학에서 조교를 하며 기계 수리하는 일을 했다.

그러던 어느 겨울날이었다. 한 교수가 자기 연구실로 와트를 불러 이렇게 말했다.

"자네에게 한 가지 부탁할 것이 있네. 누군가 내가 발명한 기계의 설계 도면을 감쪽같이 복사해 갔지 뭔가. 그래서 말인데…"

그때 그의 조교가 커피 잔을 들고 들어오는 바람에 교수는 잠시 하던 이야기를 멈췄다. 그 청년은 함께 들고 온 물 주전자를 난로 위에 올려놓으며 두 사람에게 깍듯이 말했다.

"그럼, 천천히 말씀 나누세요."

조교가 나가자 교수가 문을 잠그며 조심스럽게 말했다.

"이젠 아무도 우리의 대화를 방해하지 못하겠지. 내 조교까지도 믿을 수 없게 됐으니 참 한심한 노릇일세."

자리로 돌아가 앉은 교수는 커피를 마시면서 설계 도면을 도둑맞은 경위를 털어놓았다. 와트 역시 커피를 마시면서 교수의 말에 귀를 기울였다. 그런데 갑자기 머리가 핑 돌더니 눈이 감겼다.

'이런, 커피에 수면제를 탔구나!'

하지만 때는 이미 늦었다. 의식이 점점 몽롱해지고 몸이 자꾸 아래로 처졌다.

얼마나 지났을까. 간신히 혼수상태에서 깨어난 와트는 교수 쪽을 바라봤다. 교수는 의자에 등을 기댄 채 죽어 있었고, 목 부근엔 5cm가량의 나무마개가 달린 침이 꽂혀 있었다. 깜짝 놀란 와트는 문을 열고 조교를 부르려는 순간, 문이 아직 잠겨 있다는 것을 발견했다. 창문도 모두 닫혀 있었다. 그 조교가 들어왔다 나간 뒤로는 아무도 들어오지 않으니 커피에 수면제를 탄 것은 그의 짓이 분명했다. 그러나 아무도 방에 들어올 수 없는 상황에서 도대체 누가 교수의 목에 독침을 꽂았단 말인가?

이를 밝혀내지 못하면 자신이 살인범으로 몰릴 판국이었다. 와트는 문고리에서 손을 떼고 침착하게 그 독침이 교수의 목에 꽂히기까지의 과정을 추리해 보았다.

'역시 그랬어. 참 악랄한 수법이군.'

사건의 전모를 파악한 와트의 입에서 탄식이 흘러나왔다. 범인은 그의 예상대로 커피를 내온 조교였다. 사건의 전말은 이랬다.

조교는 물 주전자를 난로 위에 얹어 놓기 전에 독침을 꽂은 나무 쐐기를 주전자 주둥이에 밀어 넣고, 주전자 주둥이를 앉아 있는 교수의 목 부위를 향하게 했다.

"물이 끓기 시작하고, 주전자 속 증기의 압력이 높아지면 주둥이에 꽂혀있는 나무 마개가 빠져나가 교수의 목에 독침이 꽂히게 된다…."

수증기가 팽창하는 순간의 압력은 보통 물의 1800배에 이른다. 사전에 조교는 독침이 날아가는 각도와 속도를 몇 번이고 실험해 보았을 것이다. 그 청년 조교가 살인범이 틀림없다고 판단한 와트는 곧 경찰에 신고했다.

그 조교는 발명 특허권을 빼앗기 위해 교수의 설계도를 훔쳤고, 그것이 탄로 날까 봐 교수를 죽인 것이다. 그렇게 와트는 총명한 두뇌로 치밀하게 추리함으로써 큰 화를 면했다. 훗날 그는 이 사건에서 아이디어를 얻어 증기 기관차를 발명했다.

총명한 사람과 보통 사람의 차이점은 무엇일까? 총명한 사람은 위기에 닥쳤을 때 당황하지 않고 차분하게 문제를 해결한다. 마음을 안정시켜야 지식과 지혜가 충분히 발휘될 수 있기 때문이다.

유방_
배반자를 끌어안은
통 큰 리더십

한고조 유방은 천하를 얻은 후 공신들에게 큰 상을 내리고 평소 미워하던 자들의 목을 베었다. 그러자 유방을 도와 공을 세웠지만 상을 받지 못한 신하들이 불만을 품었고, 유방에게 미움을 받던 자들은 위기를 느끼기 시작했다.

나라의 기틀을 잡으려면 결코 반란이 일어나서는 안 된다는 것을 잘 알고 있던 유방이 대신들에게 자문을 구하자 부하인 장량이 이렇게 대답했다.

"폐하께서 가장 미워하는 사람으로 대신들도 모두 알만한 자는 누구이옵니까?"

유방이 대답했다.

"바로 옹치란 자다. 그가 몇 번이나 내게 모욕을 주지 않았더냐? 진작 그를 죽이고 싶었으나 공이 높은 터라 미처 손을 못 쓰고 있었다."

이에 장량이 대답했다.

"어서 옹치에게 상을 내리십시오. 그리하면 모든 대신이 폐하께 충성할 것입니다."

유방은 장량의 말을 듣고 곧 성대한 연회를 열어 모든 중신들이 보는 앞에서 옹치를 제후에 봉했다. 그리고 다른 공신들에게도 공에 따라 토지와 상금을 하사했다.

연회에 참석했던 신하들은 기쁨에 넘쳐 한목소리로 말했다.

"옹치 어른께서 제후에 봉해졌으니 우리도 걱정할 게 없겠구나."

장량의 진언대로 이후 모반 세력의 불만과 의구심은 잠잠해졌다.

　　처음 유방은 자신을 지지했던 자에게는 상을 주고 미움을 산 자에게는 불이익을 주는 인사방침을 펼쳤다. 그러나 신하들 사이에 불만이 터지자 한때 자신을 배반했던 옹치를 포용함으로써 국가의 안정을 되찾을 수 있게 되었다. 자신의 목표를 실현하는 가장 좋은 방법은 본인에게 유리한 상황을 만들어 모든 사람들이 자신에게 의존하도록 만드는 것이다.

당현종_
남을 조종하려면
주도권을 잡아라

당나라 중종의 황후 위 씨는 악랄하며 권력욕이 넘치는 여인이었다. 그녀는 황후에 오른 이후 사사건건 조정 일에 간섭했고, 그의 딸 안락공주와 함께 남편인 중종을 독살했다. 위 황후는 중종 독살 후 위 씨 일족 및 심복과 함께 도당을 결성하고 동조하지 않는 자들은 가차 없이 제거했다.

위 황후의 잔인한 행실을 목격한 이융기李隆基는 그녀가 황위에 오를 것이라는 사실을 알고 태평공주 등과 함께 비밀 계획을 모의했다. 적을 선제공격하여 위 황후의 측근을 모조리 없애버리려는 계획이었다.

중종이 죽은 지 한 달 정도 지나, 이융기는 우림군羽林軍과 접촉하면서 온갖 노력을 기울인 끝에 마침내 그들의 지원을 받게 되었다.

밤이 되자, 이융기는 우림군을 이끌고 은밀히 궁의 안뜰로 잠입했다.

"위 황후는 선제를 독살하고 정권을 찬탈하여 대당大唐의 기를 무너뜨렸다. 이제 선제의 복수를 행하노니, 위 황후와 역적의 무리들을 죽이고 상왕相王을 옹립하는 것이 바로 천하의 뜻이니라. 만약 반역을 꾀하는 자가 있다면 삼족을 멸함으로써 엄히 다스릴 것이다. 이제 나라에 충성하여 공을 세울 기회가 찾아왔다. 무엇을 망설이고 있는가?"

이융기의 말에 우림군 장수들이 호응하며 그를 지지했다. 그는 곧바로 위 황후의 침실로 뛰어 들어갔다. 그날 밤, 위 황후와 안락공주는 처참히 살해됐다.

이융기는 아버지 예종을 다시 황위에 복귀시켰고, 몇 년 뒤 황위를 물려받았다. 그가 바로 양귀비와 사랑에 빠진 당현종이다.

"싸움에 능한 자는 적을 조종하되 결코 조종당하지 않는다"는 말이 있다. 이융기는 적시에 정변의 주도권을 장악한 덕분에 위 황후를 죽이고 대당의 기를 회복할 수 있었다. 주도권을 잡고 놓지 않은 사람이 진정 탁월한 사람이라 할 수 있다.

풍훤_
주군보다 나은 신하

춘추전국시대의 사공자^{四公子} 중 한 명인 맹상군^{孟嘗君}이 식객들에게 물었다.

"내가 설읍^{薛邑}이라는 곳에 가서 빌려준 돈을 받아와야 하는데 혹시 회계에 능하신 분 없소?"

그러자 풍훤^{馮諼}이라는 자가 앞으로 나왔다. 맹상군은 그에게 마차를 내어주며 빚 문서를 건네주었다.

"빚을 받아서 무엇을 사올까요?"

풍훤이 묻자 맹상군이 대답했다.

"우리 집에 부족한 것이 있으면 사오도록 하시오."

풍훤은 설읍에 도착하자 빚을 진 백성들을 불러 모아 놓고 그 내용을 대조해 보았다. 그런 다음 맹상군이 빚을 모두 탕감하라는 명을 내렸다며 그 자리에서 빚 문서를 모두 태워버렸다. 이에 백성들은 기뻐하며 일제히 만세를 불렀다.

풍훤이 예상보다 일찍 돌아오자 이를 이상히 여긴 맹상군이 그에게 물었다.

"빚은 다 받아왔소?"

풍훤이 웃으며 대답했다.

"그렇습니다."

맹상군이 다시 물었다.

"그럼 어떤 물건을 사오셨소?"

"집에 부족한 것을 사오라 하시기에 곰곰이 생각해 보았습니다. 창고엔 금은보화가 산더미처럼 쌓여 있고, 집 밖에는 마소가 무리 지어 다니니 지금 공자님 댁에 부족한 것은 오직 의義뿐이라 생각되어 의를 사왔습니다."

"의라는 걸 어떻게 사왔다는 말이오?"

"주군께서는 지금 설읍이라는 아주 작은 고을을 다스리면서 백성들을 위해 주는 대신 당장 눈앞의 이익만 추구하고 계십니다. 그래서 소인이 주군의 명이라 사칭하여 모든 빚을 탕감해 주고 빚 문서를 불태워버렸습니다. 그러자 백성들이 일제히 일어나 만세를 불렀습니다. 이것이 바로 소인이 사온 의입니다."

이야기를 다 듣고 난 맹상군은 몹시 언짢았지만 겉으로는 아무 말도 하지 않았다.

그로부터 1년 후, 제나라 왕은 맹상군을 탐탁하게 여기지 않아 그를 봉토인 설읍으로 돌아가게 했다. 맹상군이 설읍에서 약 백 리쯤 떨어진 곳에 이르렀을 때였다. 수많은 백성들이 맹상군을 마중 나와 있었다. 그 광경에 감동한 맹상군은 풍훤을 돌아보며 말했다.

"그대가 나를 위해 샀다는 의를 오늘에야 비로소 깨닫게 되었소."

맹상군이 오늘날까지도 전국시대 사공자로 기억될 수 있는 것은 지혜로운 부하 풍훤 덕분이라 할 수 있다. 조직은 리더 혼자서 이끄는 것이 아니다. 그를 보좌하는 참모의 지혜가 리더를 만들 수 있다는 사실을 항상 기억해야 한다.

기자_
좋은 군주를 가려서
섬겨야 한다

상나라의 마지막 제후인 주왕_{紂王}은 난폭하고 방탕한 왕으로 유명하다. 그는 신하의 간언을 듣지 않았으며 호화로운 궁전을 짓고 사치스러운 생활을 했다.

한번은 이런 일이 있었다. 주왕이 상아로 젓가락을 만들게 하자 충신이었던 기자_{箕子}가 왕에게 말했다.

"상아 젓가락으로 식사를 하면 그동안 사용했던 질그릇이 성에 차지 않아 옥그릇을 만들게 할 것이고, 옥그릇을 쓰면 음식이 성에 차지 않아 진귀한 음식을 만들게 할 것이며 화려한 옷과 호화로운 궁궐을 짓게 할 것입니다."

기자의 간언에도 주왕의 폭정을 막을 수는 없었다. 많은 이들이 기자에게 상나라를 떠날 것을 권했다. 그러나 그는 군주가 간언을 듣지 않는다고 떠나는 것은 군주에 대한 예의가 아니라며 머리를 풀어 미친 척 행세하여 스스로 천민이 되려 했다. 그러나 결국 그는 주왕에게 끌려가 유폐되었다.

그 후 주周의 무왕武王이 상나라를 토벌하자 갇혀 있던 기자를 석방시켰다. 무왕은 기자에게 주나라의 신하가 될 것을 요청하지만 기자는 정중히 거절했다. 그 후 상나라의 멸망을 슬퍼하며 맥수지시麥秀之詩라는 시를 지었다.

"영리한 새는 좋은 나무를 가려서 둥지를 튼다"라는 말이 있다. 현명한 선비가 좋은 군주를 가려서 섬기는 것처럼, 우리도 자신의 재능을 알아주고 지원해줄 사람을 후원자로 삼아야 할 것이다.

가오더캉_
곤란은 마음먹기에
달렸다

　1970년대 중반, 24세의 가오더캉高德康은 자그마한 사업을 시작했다. 상하이에 위치한 한 의류공장의 옷감을 가져다 가공하는 일이었다. 그는 매일 자전거를 타고 자신의 사업체가 있는 시골과 상하이를 왕복하면서 원단을 구매하고 제품을 보냈다.

　가오더캉은 1984년 상하이에 위치한 업체에 다운재킷을 주문자생산방식OEM으로 공급하며 오리털 의류 쪽에 눈을 떴다. 이후 1990년에는 150만 위안을 공장을 새로 세우고 독자적인 사업 체제를 만들었다. 정식으로 보스덩BOSIDENG 상표를 등록해 오리털 재킷을 직접 생산하기 시작한 것이다. 시장의 반응은 폭발적이었다. 1998년에는 세계 스타 상표로도 인정받았다. 그 이후에는 중국 방한복 시장의 절반가량을 차지하게 되었다.

여기까지는 순조롭게만 보이는 가오더캉의 성공 스토리다. 과연 그에게 시련이 없었을까? 때는 1994년. 보스덩은 겨울 시즌을 맞아 23만 벌의 다운재킷을 생산했다. 그러나 팔린 건 10만 벌에 불과했고, 결국 은행 차입금이 문제가 됐다. 막대한 빚을 갚지 못해 은행 독촉에 시달리는 신세가 된 것이다.

벼랑 끝에 섰던 그는 그대로 앉아서 죽을 수만은 없다고 결심하며 새로운 도약을 준비하기로 마음먹었다. 직접 시장을 분석하고 새로운 제품을 고안해 내기 시작한 것이다. 그렇게 하다 보니 어느 순간 그의 눈에 겨울 시즌용 재킷의 겉면 소재나 디자인 등이 중국 북방인의 체형과 요구에 맞지 않아 보였다. 이후 뼈를 깎는 노력으로 문제를 보완한 새 제품을 시장에 내놓았다. 소비자들은 그의 노력을 알아주기 시작했고, 그제야 매출이 다시 상승 곡선을 향할 수 있었다.

우리 앞을 가로막는 장애물은 종종 마음속에 있다. 마음이 만드는 두려움이 앞길을 막는 것이다. 때문에 우리는 눈앞의 곤란에 '나는 안 돼'라고 경솔하게 판단해선 안 된다. 막상 해 보면 뜻하지 않은 행운이 찾아올 수도 있고, 생각보다 일이 쉽게 풀릴 수도 있다.

일단 적극적으로 행동해 보고 결과를 기다리는 것이 현명하다. 해 보지도 않고 무작정 포기하는 건 아무런 결과도 만들지 못한다.

이우에 도시오_
경영인에게 양심이란?

산요전기三洋電氣는 1947년에 세워진 일본의 가전제품 회사로 창업자는 이우에 도시오井植歲男다. 산요는 2008년 파나소닉에 인수되기 전까지 일본 전기·전자산업의 대표 주자였다.

창업 초기 산요는 갓전등 같은 기본적인 전기 제품을 만들었다. 도산의 위기를 가까스로 넘긴 산요는 신제품 출시를 앞두고 있었다. 그런데 품질 검사를 하던 중 전등 하나에서 지지대가 부러진 것을 발견했다. 생산된 제품을 모조리 검사해본 결과 절반 이상에서 문제가 발생했는데, 신문에는 이미 제품 출시일까지 광고해 놓은 상황이었다.

사장 이우에는 고민에 빠졌다. 출시를 강행할 것인가 아니면 전량 폐기하고 재생산에 들어갈 것인가. 일단 내다 팔면 자금난을 해결할 수 있고, 출시 약속을 지킬 수 있다. 그러나 하자가 있는 제품을 내놓는다는 것은 회사의 이미지에 먹칠을 하는 것이나 마찬가지였다. 딜레마에 빠진 이우에 사장은 고민 끝에 생산된 모든 제품을 폐기하기로 마음먹었다. 다음 날 석간신문에는 산요전기를 대표해 이우에 도시오가 소비자들에게 정중히 사과하는 글이 실렸다.

"품질검사 과정에서 불량품이 발견되어 전량 폐기하고 재생산하게 되었습니다. 예정된 날짜에 출시하지 못하게 되었음을 알려드리며 오랫동안 기다려주신 소비자 여러분께 정중히 사과드립니다."

이 사과문은 많은 이의 주목을 끌었다. 글을 읽은 소비자들이 새 제품의 출시를 기대한다는 전화가 잇따랐다.

그로부터 몇 달 뒤, 재생산된 제품이 출시되자 날개 돋친 듯 팔려나갔다. 이후 산요전기는 최초의 현대식 세탁기를 만들며 일본 경제 성장의 중심 기업으로 우뚝 섰다.

이우에 사장은 도산 위기에 처해 회사가 문을 닫더라도 노력만 하면 재기할 수 있지만, 한번 신뢰를 잃으면 다시 성공할 수 없다고 판단했다. 소비자에 대한 신뢰와 경영자의 양심이 얼마나 중요한지 보여주는 사례라 할 수 있다.

케쿨레_
준비된 자에게
행운이 찾아온다

19세기 유기 화학자들은 벤젠 benzene의 분자구조식을 찾기 위해 골머리를 앓고 있었다. 그러던 중 1865년 독일의 과학자 케쿨레 Friedrich August Kekule von Stradonitz가 벤젠 분자가 육각형의 고리 모양을 하고 있다는 사실을 밝혀냈다.

이 발견의 과정이 참 재미있다. 마차를 타고 집으로 돌아가던 케쿨레가 그만 잠이 들었는데 꿈을 꾸었다. 꿈속에서 벤젠 분자구조식이 갑자기 뱀으로 변하더니, 뱀의 머리와 꼬리가 이어지면서 둥글게 말리는 것이었다. 잠에서 깬 그는 육각형 고리 모양의 벤젠 구조식을 떠올리는 계기가 되었다.

이러한 상황을 세렌디피티 serendipity라고 한다. 세렌디피티란 '의도

하지 않은 우연한 발견'이란 뜻이다. 또 다른 예로는 최초의 항생제인 페니실린의 발견이 있다. 1928년 알렉산더 플레밍은 포도상구균을 기르던 접시를 배양기 밖에 둔 채 휴가를 떠났다. 휴가에서 돌아온 그는 배양접시 군데군데 포도상구균이 사라져있는 것을 발견했다. 접시를 유심히 살펴보던 그는 푸른곰팡이가 피어있는 부분만 그렇다는 사실을 알아차렸다. 플레밍은 푸른곰팡이가 포도상구균의 번식을 막는다는 결론을 내렸고, 푸른곰팡이로부터 페니실린을 얻었다. 페니실린은 포도상구균은 물론 각종 세균을 죽이는 효과를 갖고 있었다. 이로써 인류는 성병, 천연두 등 각종 세균성 질병에서 해방됐다.

벤젠의 분자구조를 밝힌 케쿨레와 페니실린을 발견한 플레밍. 그들에게 찾아온 행운은 우연이다. 하지만 그들이 목표를 달성하기 위해 피나는 노력을 하고 있었기에 의도치 않은 발견이 빛을 발할 수 있었던 것이다.

행운은 누구에게나 찾아온다. 단지 그 행운을 가치 있는 것으로 만드느냐 아니냐는 그 사람의 능력에 따라 다르다. 행운이나 기회가 왔을 때 그것을 잡기 위해선 부단한 노력과 열정, 능력이 있어야 한다. 준비된 자에게만 행운이 눈에 보이는 것이다.

이목_
정면 돌파가
정답은 아니다

상대의 욕심을 이용하거나, 그가 혼란한 틈을 타면 크게 힘을 들이지 않고도 승리를 거머쥘 수 있다. 중국 전국시대에 있었던 두 가지 일화를 살펴보자.

조나라에 이목李牧이라는 장수가 있었는데, 그는 국경을 지키며 흉노의 공격에 대비하고 있었다. 이목은 병사들에게 이렇게 말했다.

"흉노를 만나거든 곧바로 진영으로 돌아오도록 하라. 절대 전투에 얽혀서는 아니 된다. 만약 이를 위반할 시에는 사형에 처할 것이다!"

이 소식을 들은 흉노는 이목이 자신들을 두려워해서 그러는 것이라 생각하고 대대적인 진격을 준비했다.

어느 날, 이목은 일부러 변방 곳곳에 가축들을 방목했다. 산과 들은 소와 양 떼로 가득했다. 그러자 이 기회를 엿본 흉노의 왕 선우가 소규모의 기마 부대를 이끌고 공격을 개시했다. 이목이 일부러 지는 척하며 후퇴하기 시작하자 의기양양해진 흉노는 이번엔 대군을 이끌고 조나라로 쳐들어갔다.

그러나 이미 만반의 준비를 마친 이목은 민첩하고 유연한 작전으로 흉노의 군대를 포위했다. 흉노 기병은 그 자리에서 수십만 명이 목숨을 잃었고, 선우는 간신히 도망쳐 목숨만 부지했다. 이목은 속셈을 숨긴 채 흉노의 욕심을 이용해 적군을 일망타진하는 지혜를 발휘한 것이다.

전국시대 후기, 연왕燕王 쾌가 왕위를 상국相國인 자지子之에게 넘겨주자, 태자는 이에 불만을 품었다. 이후, 태자는 시피市被와 함께 반란을 일으켰지만 실패했다. 이를 틈타 제나라는 연나라에 혼란이 끊이지 않는 틈을 타서 연나라를 정벌하려 했다. 제나라는 연나라를 완전히 멸하기 위해 방도를 모색했다.

제나라는 곧 연 태자가 조정을 장악하는 데 힘을 보태겠다는 명분을 내세워 사절을 파견했다. 이 말을 곧이들은 연 태자는 제나라에 대한 경계를 늦춘 채 자지를 공격하는 데만 온 힘을 쏟았다. 그런데 때마침 시피 장군이 태자를 배반하는 바람에 연나라는 치명적인 피해를 보게 되었고, 연나라의 백성들은 뿔뿔이 흩어져 인근 나라로 피난을 떠나버렸다.

드디어 때가 왔다고 판단한 제나라 왕은 군사를 파견해 연나라를 공격했다. 장기간 내전에 휩싸였던 연나라군은 전투의 의지도, 방어의 의지도 없었다. 결국, 연나라 왕이 전사하고 상나라 왕 자지가 살해당하자 제나라군은 손쉽게 연나라를 멸망시켰다.

조나라의 이목은 흉노를 방심하게 만든 뒤 공격을 유도해 승리했고, 제나라는 연나라가 혼란한 틈을 노려 공격에 성공했다. 성급하게 정면 돌파하는 것보다 때를 기다려 상대의 허점을 노리는 것도 하나의 전략이다.

카이사르_
다시는 돌아올 수 없는
'루비콘 강'

"주사위는 던져졌다."

기원전 49년 로마의 갈리아 총독 율리우스 카이사르 Gaius Julius Caesar가 군대를 이끌고 루비콘 강을 건너며 한 말이다.

당시 로마는 3두체제가 막을 내리던 시기였다. 카이사르, 폼페이우스 Gnaeus Pompeius Magnus와 함께 3두정의 한 축을 이루던 크라수스 Marcus Licinius Crassus가 사망하자 카이사르와 폼페이우스 사이에 충돌이 일어났다. 당시 명목만 유지하던 원로원 고대 로마 공화정 시대의 입법·자문 기관이 폼페이우스를 꾀어 카이사르를 제거하려 했다.

한편, 갈리아 로마 제국이 멸망하기 전까지 현재의 프랑스, 벨기에, 스위스 서부, 라인 강 서쪽의 독일을 포함하는 지방에서 총독 임기를 마친 카이사르는 집정관으로 다시 선출하거나 갈리아 총독으로서의 임기를 연장하겠다는 의사를 원로원에 전했다. 그러나 원로원과 폼페이우스는 카이사르를 해임하는 안건을 통과시키고 그에게 로마로 즉시 귀국하라는 명령을 내렸다. 루비콘 강은 로마와 갈리아를 가르는 경계선으로, 군대를 이끌고 이 강을 넘는 것은 금지되어 있었다. 이를 어기는 것은 곧 반란을 의미했다. 그렇지만 무장해제한 채 홀로 강을 건너기에는 목숨이 위태로웠다.

고심하던 카이사르는 마침내 6천여 명의 군대를 이끌고 루비콘 강을 건너기로 결심했다. 뜻밖의 공격에 폼페이우스와 원로원은 서둘러 도망쳤고, 결국 이집트에 몸을 숨긴 폼페이우스가 부하에게 죽임을 당함으로써 내전은 일단락됐다. 승리한 카이사르는 스스로를 독재관에 임명하고 이로써 사실상 로마의 공화정은 막을 내리게 된다.

자신의 판단이 옳은지 그른지는 아무도 모른다. 하지만 일단 결단을 내리면 과감하게 실행에 옮겨야 한다. 우왕좌왕하다가 결국 아무것도 아닌 게 되어 버리는 것보다 실패하더라도 경험을 얻을 수 있는 게 낫기 때문이다. 물론 결단을 내리기 전 심사숙고해야 함은 말할 것도 없다.

아레티노_
권력자를 향한
대담한 풍자

제217대 교황 레오 10세에게는 애완용 코끼리 '한노 ^{Hanno}'가 있었다. 어느 날 이 코끼리가 병에 걸렸다. 교황은 최고의 의료진을 불러다 치료했지만 결국 코끼리는 죽고 말았다. 슬픔에 잠긴 교황은 당대 최고의 화가 라파엘로에게 한노의 그림을 그려달라고 했다.

얼마 뒤, 로마에는 '코끼리의 유언'이라는 소책자가 퍼져나가기 시작했다. 그것은 코끼리의 유언이라는 형식을 빌려 교황 주변의 탐욕스런 추기경을 풍자한 것이었다. 그 책엔 다음과 같은 내용도 들어 있었다.

"내 무릎을 로치 추기경에게 남긴다. 그리하면 그도 나처럼 무릎을 꿇고 기도할 수 있으리라. 내 턱을 성 쿠아트로 추기경에게 남긴다. 그리하면 예수의 이름으로 삼켜버린 돈을 쉽게 뱉어낼 수 있으리라.

내 귀를 메디치 추기경에게 남긴다. 그리하면 사람들의 말을 귀 기울여 들을 수 있으리라."

로마 최고의 권력자들을 조롱 섞인 말로 비난한 그 글은 이렇게 끝을 맺고 있다.

"조심하라! 아레티노야 말로 가장 위험한 자이니 절대로 그와 친구가 되지 말라. 말 한마디로 교황을 무너뜨릴 수 있는 자니 신께서 그의 혓바닥을 경계하라 이르셨도다."

로마 사람들은 이 글의 저자가 어떤 사람인지 궁금했다. 교황 또한 권력자를 풍자할 수 있는 대담함을 가진 저자를 찾아내게 했다. 그렇게 해서 드러난 책의 저자는 바로 로마 귀족의 주방 보조로 일하고 있던 피에트로 아레티노^{Pietro Aretino}라는 젊은이였다. 교황은 그를 벌하기는커녕 코르테자노^{궁정인}로 맞아 성당 내 직무를 맡겼다. 몇 년 후, 그는 인쇄와 출판의 중심지 베네치아로 건너가 베스트셀러 작가로 부와 명예를 얻었다.

아레티노는 '군후의 매'라고 불릴 만큼 당시의 권력자와 교황을 거침없이 풍자해 인기를 끌었던 반면 파렴치한 통속 작가라는 비난을 듣기도 했다. 출신이 비천했던 그는 특유의 대담성으로 권력자의 치부나 비밀을 들이대며 돈을 받아내기도 했지만, 그 돈을 가난한 자들에게 나눠주기도 했다. 그에 대한 평가는 시대마다 사람마다 다르지만, 권력자에 대항하는 그의 대담성 만큼은 인정받을 만하다.

손정의_
인생을 바꾸는
독서의 힘

"인생은 공격이 아니면 수비뿐."

손정의 소프트뱅크 회장이 유럽의 유명 기업을 인수하며 트위터 메시지 상에 남긴 말이다. 이 글은 그의 인생 전반의 철학을 나타낸다. 2014년 일본 최고의 부자로 떠오르는 그는 지금까지 숱한 도전으로 세간의 관심을 모았다.

그는 지난 2000년 알리바바 투자를 결정할 당시 이 회사를 이끄는 마윈 회장을 만나보고 "동물적인 냄새를 맡고 결단을 내렸다"고 했다. 그것도 단 5분 만에 마 회장의 화법과 행동을 눈여겨보고 알리바바에 2000만 달러약 210억 원를 투자하기로 결정했다는 것이다. 10

여 년이 지난 2014년, 이 투자금은 3000배가 넘는 액수로 돌아왔다. 지금에 와서 볼 때 탁월한 투자 선택이었지만, 당시로써는 무모한 도전이었다. 창업한 지 불과 2년 차인 변방의 중국 기업에 수백억 원가량을 투자하는 것 자체도 특별한데, 그것도 며칠도 아닌 몇 분 만에 마음을 결정하는 건 일반인의 통념상 이해하기가 힘들다. 그런데 그는 정작 "승률이 70%는 돼야 싸움을 벌인다"고 말한다. 30% 이상 실패 확률이 있다면 새로운 일에 뛰어들지 않는다는 얘기다. 이렇게 보면 남들이 어떻게 보든 그 스스로에겐 무모한 도전은 없었던 셈이다.

손 회장은 재일교포 3세로 순혈주의를 강조하는 일본에서 쉽지 않은 유년시절을 보냈다. 독서광인 그는 중3 때 운명의 책을 만난다. 《료마가 간다》란 제목의 소설로 일본을 근대화시킨 주역으로 꼽히는 사카모토 료마의 삶이 담겨 있다. 이런 료마를 인생의 롤모델로 정한 손 회장은 어린 시절 구체적인 꿈을 세웠다. 이른바 '인생 50년 계획'이다. 20대에 이름을 떨치고 30대에 1000억 엔의 운영 자금을 마련하고 40대에 승부를 걸고 50대에 사업을 완성하고 60대에 다음 세대에 물려준다는 내용이다.

이런 큰 포부를 현실화할 수 있게 뒷받침한 것은 불타는 열정뿐이 아니었다. 끊임없이 자신의 판단력을 유지하기 위해 엄청난 독서를 했다. 한때 간염으로 3년간 입원하면서 읽은 책만 4000여 권이라고 한다. 단순히 여러 책을 다독만 한 게 아니다. 《손자병법》의 경우엔 몇 번 읽었는지도 모를 정도로 반복해 읽었다고 알려진다.

손 회장은 타고난 감각과 다양한 정보를 통해 디지털 시대가 온다는 것을 직감했다. 그리고 결국 그 시대를 앞서 이끄는 인물이 됐다. 이미 그가 젊은 시절 우상으로 삼았던 사카모토 료마를 뛰어넘는 신화를 쓰고 있는지도 모른다.

책만 많이 읽는다고 뛰어난 인물이 되는 건 아니다. 하지만 뛰어난 인물이 알고 보면 독서광인 경우가 많다. 책만 읽는 바보와 독서광인 위인의 차이는 책을 대하는 태도다. 위대한 사람은 책을 통해 세상을 보는 이해력을 넓힌다. 반대로 책만 보는 인간은 독서량 자체에 만족감을 느낀다. 결국, 책에 담긴 지혜를 얼마나 활용할 줄 아느냐의 여부가 운명을 가르는 것이다.

생각의 크기만큼 자란다

PART 6

세상을 바꾼 여성들

✕✕✕✕

셰익스피어의 비극 《햄릿》에는 "약한 자여, 그대의 이름은 여자다"라
는 대사가 나온다. 당시엔 공감할 만한 말이었을지 모르지만 지금은 다
르다. 여전히 성적 차별이 존재하지만 여성들은 사회로 나와 자신의 재
능을 맘껏 펼치고 있다. "여자도 강하지만 어머니는 더 강하다"라는 말
로 바뀔 날이 머지않았다.

힐러리 클린턴_
미국인이
가장 존경하는 여성

　여론전문조사기관인 갤럽에 의하면 2013년 미국인이 가장 존경하는 여성은 힐러리 Hillary Rodham Clinton 전 국무장관이었다. 12년 연속 가장 존경받는 여성으로 뽑힌 그녀는 1993년부터 2001년까지 제42대 미국의 영부인이기도 했다.

　힐러리는 웰슬리 대학에서 정치학을 전공한 뒤 예일대 로스쿨을 졸업했으며 퍼스트레이디, 상원의원, 국무장관이라는 화려한 이력을 갖고 있다. 기본적으로 재능이 뛰어나기도 했지만 어린 시절부터 성공을 향해 끊임없이 노력했다. 하버드생이 아닌 그녀가 하버드대 비밀공부클럽에 들어간 일화가 이를 증명한다.

　명문 웰슬리 대학에 입학한 힐러리는 좌절감을 느꼈다. 고등학교

때까지만 해도 우등생이었던 그녀가 수재들이 모인 대학에서 평범한 학생으로 전락해 위기를 느꼈던 것이다.

힐러리는 웰슬리 대학에서 최고가 되기 위한 방법을 찾았는데 그 것은 바로 미국 최고 명문대인 하버드대학 학생들의 공부법을 배우는 것이었다. 그녀는 하버드 비밀공부클럽에 들어가기 위해 그 클럽 소속 남학생의 여자친구가 되기로 결심한다. 클럽멤버와 교제를 시작한 힐러리는 자연스럽게 하버드 비밀공부클럽의 비공식 회원이 됐다. 그녀는 하버드의 수재들과 정치, 경제 등 굵직한 문제에 대해 격렬한 토론을 펼쳤고, 이는 그녀의 정치인생에 밑거름이 된다.

1993년 남편 빌 클린턴이 미국 대통령에 선출되고, 그녀는 미국 역사상 석사 학위를 가진 첫 번째 퍼스트레이디로 주목받았다. 영부인이 된 힐러리는 백악관 웨스트윙 West Wing 에 집무실을 마련하고 백악관 회의에 참석했다. 빌 클린턴은 중요한 결정을 내릴 때마다 힐러리에게 의견을 물었기 때문에 백악관 직원들은 그녀를 '대법원 The Supreme Court '이라 불렀다고 한다.

2008년 흑백대결, 남녀대결로 화제가 된 민주당 경선에서 힐러리는 오바마에게 패배했다. 그녀는 "높고 단단한 유리 천장을 깨지 못했지만, 1800만 개의 금을 가게 만들었다 경선에서 힐러리는 1800만 표를 얻었다 "고 소감을 밝혔다.

이후 그녀는 정치적 능력을 인정받아 오바마 행정부의 국무장관직

에 임명됐고, 뛰어난 국정능력과 리더십으로 세계를 움직이는 최고의
여성으로 인정받고 있다.

퍼스트레이디 시절, 빌 클린턴과 모니카 르윈스키와의 스캔들은 힐러리에
게 치욕을 안겨줬다. 스캔들이 터지자 당사자 빌은 매우 혼란스러워했지만,
힐러리는 냉정하게 비상회의를 소집해 수습에 나섰다. 진짜 위대한 사람은
위기를 맞았을 때 그 진가를 발휘하는 법이다.

이사벨라 데스테_
세상을 바꾼 카리스마

르네상스 시대 이탈리아 북부에 위치한 만토바Mantova는 피렌체, 베네치아, 밀라노 사이에 있는 약소국이었다. 당시 만토바는 프란체스코 2세 곤차가 후작이 통치하고 있었다. 16세에 곤차가와 결혼한 이사벨라 데스테Isabella d'Este는 남편을 능가하는 통치자로 만토바를 다스리는 한편 예술을 적극적으로 후원했다.

1509년에 곤차가가 베네치아에 인질로 잡혀가게 되자, 남편을 대신해 만토바 군대를 감독했다. 그녀는 3년 뒤 남편이 석방될 때까지 적의 공격을 훌륭하게 막아냈다.

곤차가 후작은 아내가 자신보다 정치 능력이 뛰어남을 질투했고, 결국 처남의 아내인 루크레치아 보르자와 불륜에 빠졌다. 남편에 대한 사랑은 식었지만 아사벨라는 아이들을 훌륭하게 키워냈고, 남편이 사망한 뒤에는 맏아들 페데리코 2세 곤차가를 대신해 섭정으로서 만토바를 통치했다. 그녀는 약소국이었던 만토바를 강력한 국가로 성장시켰다.

예술에도 관심이 많아 예술가들을 물심양면으로 후원하기도 했다. 그녀는 악기를 잘 다루었고, 문학적 소양이 뛰어나 문인들과 품위 있는 서신을 교환했으며, 동전과 조각상을 수집하기도 했다. 또한 그녀는 루도비코 아리오스토가 《광란의 오를란도 Orlando furioso》를 쓰는 동안 적극적으로 후원해 주었으며, 당대의 최고 화가 레오나르도 다 빈치가 그린 그녀의 초상화는 현재 루브르 박물관에 남아 있다. 이사벨라의 후원 아래 만토바 궁정은 유럽에서 가장 교양 있는 장소였다. 이렇게 그녀는 만토바를 작지만 기품 넘치는 문화국가로 만들었다.

이사벨라는 타고난 정치가이자 예술 후원자였다. 그녀는 어릴 때부터 그리스어, 라틴어, 로마사 등 인문 교육을 받았다. 이러한 교육이 그녀에게 '르네상스의 퍼스트레이디'라는 명성을 얻게 한 원동력이 된 것이다.

셰릴 샌드버그_
여성들이여
사회로 뛰어들어라!

미국의 유명 소셜 네트워크 서비스 페이스북facebook의 최고 운영 책임자COO 셰릴 샌드버그Sheryl Sandberg는 2014년 〈포브스〉 선정 세계에서 가장 영향력 있는 여성 10인에 이름을 올렸다. 그녀는 1995년 하버드대 경영대학원을 졸업한 뒤 미 재무장관 비서실장, 구글 부회장을 거쳐 지금의 자리에 올랐다.

2013년 7월 셰릴이 자서전 《린인Lean In》을 들고 한국을 찾았을 때였다. 출간 기자회견에서 그녀는 "이제는 여성 지도자가 나와야 할 때"라고 말하며 여성의 사회 활동에 목소리를 높였다.

회견 중 그녀는 어린 딸의 일화를 들려줬다.

"제 딸이 네 살 때 역대 대통령 이름을 외우다가 '엄마, 어째서 대통령은 다 남자야?'라고 묻는 거예요. 딸애의 물음이 문화적 충격으로 다가왔죠."

그녀는 한국 사정을 언급하며 이야기를 이어갔다.

"여자 대통령이 한 번이라도 나왔던 나라는 16개국에 불과합니다. 대한민국도 그중 하나지요. 그러나 여전히 최고 경영자는 남성이 95%를 차지하고 여성 경영진의 비율은 1%에도 못 미치는 실정입니다."

강연 내내 여권신장을 강조했던 그녀는 "우리 모두가 세상에 적극적으로 나설 수 있는 날이 오도록 모두가 힘쓰길 바란다"는 말로 강연을 마무리 지었다.

현재 그녀는 월트 디즈니, 스타벅스 이사회 이사로도 활동 중이며, 린인재단LeanIn.org을 설립해 여성의 사회 진출을 독려하고 있다. 재단 이름인 동시에 자서전의 서명이기도 한 'Lean In'은 우리말로 '뛰어들라', '들이대라'는 의미다. 그녀의 주장대로 여성들은 스스로 성 고정관념을 깨고 사회로 '뛰어들어야' 한다.

《린인》의 영어 원서의 부제는 'Women, Work and the Will to Lead여성, 일, 그리고 주도하려는 의지'다. 이는 셰릴이 모든 여성들에게 보내는 메시지이기도 하다. 세계적인 여성 리더인 그녀의 말처럼 여성들은 자신감을 갖고 당당히 사회로 나가야 할 때다.

이길여_
 꿈을 향한 끊임없는 도전

1958년 서울의대를 졸업한 이길여 총장은 동인천역 앞에 조그만 크기의 산부인과인 자성의원을 개원했다. 차차 실력 있는 여의사로 인정받고 있었지만, 그녀는 선진 의료에 대한 갈망을 갖고 있었다. 당시 한국의 의료상황은 너무나 열악했기 때문이다. 주삿바늘이 없어서 주삿바늘까지 재활용할 정도였다.

결국 그녀는 1964년, 32세의 나이에 미국 의사자격시험을 치렀고, 합격하여 뉴욕으로 향했다. 미국에서 공부를 마치고 돌아온 후에도 마흔이 넘은 나이에 또다시 일본으로 박사과정 유학을 떠났다. 선진의학을 배워 한국 의학을 발전시키겠다는 일념 하나로 이룬 꿈들이었다.

체계적이고 종합적인 진료를 해야겠다는 계획으로 병원확장을 시작하여 주변의 만류에도 그녀는 1978년 전 재산을 들여 150병상 규모의 '의료법인 인천길병원'을 출범시켰다. 의사로서 성공한 총장은 평소 염원이었던 인재 양성을 위해 교육 사업에도 뛰어들었다. 1994년에는 경기전문대학과 신명여자고등학교의 재단 신명학원을 인수하여 이사장에 취임하였으며, 이듬해 법인 명칭을 바꾸고 학교법인 가천학원을 설립하였다. 1998년에는 가천의과대학^{현 가천의과학대학교}을 설립하였고, 같은 해 경영난에 빠진 경원학원을 인수했다.

이길여 총장의 이름 앞에는 늘 '최초'와 '최고'라는 수식어가 따라다닌다. 그녀의 자서전에는 국내 최초 보증금 없는 병원, 국내 최초 진료카드 시스템 도입, 아시아 최초 방사선 암 치료기 도입, 국내 최초 지하 캠퍼스 도입 등 그가 '의료와 교육'을 축으로 섬김과 사랑을 실천해 온 과정이 고스란히 담겨 있다.

2012년 이길여 총장은 미국 시사주간지 뉴스위크가 선정한 세계를 움직이는 여성 150인에 선정되기도 했다. 평생을 의사와 교육자로 살아온 총장의 삶이, 환자를 따뜻하게 돌보고 학생들을 마음으로 대하며 박애와 봉사를 실천해온 삶이 세상에 인정받은 것이다.

이길여 총장은 스스로를 '바람개비'라고 부른다. 바람이 강하면 강할수록 더 빨리 도는 바람개비처럼 그의 인생에서도 고난과 시련이 닥칠수록 도전정신과 추진력은 더 큰 힘을 발휘했다는 뜻에서다. 그녀는 가천대학교 신입생에게 늘 이렇게 말한다고 한다.

"새우잠을 잘지라도 고래 꿈을 꾸세요. 누구에게나 인생을 걸어볼 만한 꿈이 하나쯤은 있어야 합니다. 비록 지금은 누추하고 힘들더라도 꿈은 가능한 한 크게 가지라는 겁니다. 그 꿈을 간직하고 추구하며 노력하는 과정에서 더 큰 인생을 살 수 있습니다."

미셸 오바마_
흑인 퍼스트레이디가 준
희망

미국 사상 최초의 흑인 퍼스트레이디 미셸 오바마^{Michelle Obama}의 이야기다. 그녀는 파워맘, 패션 아이콘, 선거캠프 마무리투수 등의 수식어가 따라다닌다. 180센티의 큰 키에 남편 오바마를 뺨치는 말재주, 지성, 유머 감각으로 화제를 몰고 다니고 있다.

그녀는 1964년 시카고 남부의 서민 가정에서 태어났다. 아버지는 시청 정수공장에서 일하는 공무원이었고, 어머니는 평범한 주부였다. 비좁은 아파트에서 네 가족이 살 정도의 가난한 살림이었지만 열정적인 부모는 딸을 프린스턴대에 입학시켰다.

하버드 로스쿨을 졸업한 후 그녀는 시들리 오스틴이라는 법률회사에 입사했다. 그곳에서 만난 오바마와 결혼하고 얼마 뒤 장녀 말리아가 태어났다. 육아와 일을 병행하던 그녀는 상사에게 파트타임 전환을 요청했다. 그런데 급여만 낮아졌을 뿐 하는 일은 예전과 다를 바 없었다. 그녀는 곧 자신의 선택이 옳지 않았음을 깨달았다.

몇 년 뒤 남편 버락 오바마가 상원의원에 출마했고, 비슷한 시기에 차녀 사샤가 태어났다. 시카고대학병원에 취업하기 위해 본 인터뷰에서 그녀는 병원에 이런 제안을 했다.

"제 두 딸은 아직 어리고, 남편은 의원 선거를 준비하고 있습니다. 저는 파트타임은 원하지 않으며 연봉도 제대로 받고 싶습니다. 근무 시간을 유연하게 쓰게 해주신다면 제게 맡겨진 일을 최선을 다해서 하겠습니다."

자신감 넘치는 그녀의 설득에 병원도 제안을 받아들였다.

자신의 가치를 믿고 적극적으로 협상을 밀어붙인 미셸은 그 후로 승승장구해 시카고대학병원 부원장 자리에 올랐다. 남편 버락 오바마가 미국 대통령에 당선된 뒤에도 그녀는 다양한 사회활동으로 2010년 미국 경제지 〈포브스〉가 선정한 세계에서 가장 영향력 있는 여성 1위에 등극했다.

버락 오바마 미국 대통령은 대선 후보 당시 어느 TV 토론에서 "어려운 문제에 부딪혔을 때 어떻게 하느냐"는 질문을 받았다. 그는 "나보다 아는 게 더 많은 아내에게 물어본다"고 대답했다. 그의 성공 배경에는 당차고 똑똑한 아내 미셸 오바마가 있었던 것이다.

앙겔라 메르켈_
독일이 낳은 유럽의 여제

독일 최연소 장관, 최초의 여성 총리. '최연소', '최초'라는 수식어의 주인공은 바로 앙겔라 메르켈Angela Merkel 이다.

서독에서 태어나 동독에서 자란 그녀는 베를린 장벽이 무너진 1989년 정계에 입문했다. 1991년 당시 35살이었던 그녀는 여성청소년부 장관으로 임명되면서 독일 역사상 최연소 장관으로 기록됐고, 1998년 최초로 기민당의 여성 사무총장에 올랐다. 그 후 2005년엔 독일 사상 최초의 동독 출신, 최초의 여성 총리로 임명됐다. 그리고 2013년, 그녀는 3선에 성공했다. 2017년까지 임기를 수행하면 영국의 마가렛 대처의 기록총임기 11년을 깨게 된다.

메르켈은 신중하면서도 단호한 성격으로 유명하다.

독일 통일의 주역 헬무트 콜Helmut Kohl 전 총리가 당시 무명 정치인이었던 메르켈을 여성청소년부 장관과 환경부 장관으로 연거푸 발탁했다. 그 후 두 사람은 정치적으로 인연을 쌓아가고 있었다. 그런데 1999년 12월, 콜 총리가 재임 당시 불법 정치자금을 모았다는 사실이 밝혀져 그가 속한 기민당은 위기를 맞았고, 콜 총리의 측근은 사건을 무마하기 급급했다. 이때 콜의 '정치적 양녀'로 불리던 메르켈은 당을 위해 냉정하게 그를 비난했다. 일부 기민당 의원은 그녀를 향해 '친부 살인자'라고 비아냥댔지만, 메르켈은 자신의 소신대로 독일 유력지에 공개서한을 보내 여론에 자신의 입장을 표명했다. 이 사건으로 그녀는 국민으로부터 용기 있는 정치인으로 박수를 받았다.

2014년까지 〈포브스〉가 선정하는 세계에서 가장 영향력 있는 여성에 총 8차례나 1위에 오른 그녀. 동독 출신 이혼녀가 이 타이틀을 얻기까지 얼마나 노력을 했을지 짐작이 간다.

독일인들은 메르켈을 '엄마Mutti'라고 부른다. 그녀가 3선에 당선될 수 있었던 것도 화합과 포용을 강조한 '엄마 리더십' 덕분일 것이다. 부드러운 카리스마. 그것이 유럽 여제의 성공비결이라 할 수 있다.

안젤리나 졸리_
내면까지 아름다운 여배우

안젤리나 졸리 Angelina Jolie는 할리우드를 대표하는 여배우 중 한 명이다. 영화 〈툼레이더 Lara Croft: Tomb Raider〉로 일약 스타덤에 오른 그녀는 이후 〈머나먼 사랑〉, 〈미스터 앤 미세스 스미스〉, 〈원티드〉, 〈솔트〉 등 거의 모든 영화를 히트시키며 할리우드의 흥행보증수표가 됐다.

안젤리나가 세계 난민 지역에서 봉사활동을 하는 것은 이미 잘 알려진 사실이다. 난민 지원 활동에 대한 그녀의 관심은 〈툼레이더〉 촬영으로 방문한 캄보디아에서 시작됐다. 캄보디아의 열악한 환경을 눈으로 직접 확인한 그녀는 유엔난민기구를 통해 자신이 도울 수 있는 방법을 알아보기 시작했다. 졸리는 2001년 다시 캄보디아를 찾았다. 그리고 한 고아원에서 매덕스라는 남자아이를 입양하게 된다. 졸리는 유엔 난민사무소에 100만 달러를 기부했고, 2001년 유엔난민기구 친선대사로 임명됐다. 2003년 난민을 위해 봉사한 공로로 유엔기자협회가 주는 '세계의 시민상'을 받은 그녀는 현재도 여전히 아프가니스탄, 캄보디아, 스리랑카, 아이티 등 수많은 재난·분쟁 지역에서 인도주의적 활동을 펼치고 있다.

그녀는 한 인터뷰에서 이렇게 말했다.

"스타는 지구촌 문제를 공론화할 힘이 있다. 내가 영화에 출연해 대중의 관심을 많이 받을수록 더 많은 인도주의 프로그램을 후원할 수 있다."

자신의 재능과 능력을 나눌 줄 아는 이 아름다운 여배우는 부와 인기, 외면의 아름다움만 좇는 여타 배우들에게 좋은 귀감이 되고 있다.

최근 아프리카에서 지원활동을 하던 중 졸리는 한 아이에게 이렇게 말했다.
"네가 불쌍해서가 아니라 이 나라의 미래이기 때문에 도움이 필요한 거란다."
봉사란 보여주기 위한 일회성 활동이 되어서는 안 된다. 그녀의 한마디는 진정한 나눔과 도움이 무엇인지 깨닫게 해준다.

조앤 롤링_
소설 밖에서 벌어진
위대한 마법

    1997년 영국에서 처음 출간된 해리포터 시리즈는 64개 언어로 번역
돼 2014년 기준 4억 5천 부가 넘게 팔렸다. 이로써 해리포터 시리즈는
'성경 다음으로 가장 많이 팔린 책'이라는 화려한 타이틀을 얻게 됐다.

    이미 잘 알려진 대로 해리포터의 작가 조앤 K. 롤링Joan K. Rowling
은 해리포터 시리즈를 집필할 당시 허름한 셋집에서 어린 딸을 키우
던 이혼녀였다. 정부보조금으로 가난한 생활을 했던 그녀는 모멸감
을 느끼면서도 소설 집필에 힘을 쏟았다.

    조앤이 카페 한구석에서 온종일 글을 썼다는 이야기는 너무나도 유
명하다. 그녀는 카페에서 한 손으로 유모차를 밀고 한 손으로 마법 소
년의 이야기를 써 내려갔다.

집필을 마친 그녀는 영국의 여러 출판사에 원고를 보냈지만 거의 다 퇴짜를 맞았다. 그러나 포기하지 않고 기다린 끝에 겨우 한 출판사와 계약을 맺었고 선인세로 고작 1천 500파운드 한화 약 250만 원를 받았다.

해리포터 시리즈는 1996년 출간 당시에는 큰 반응이 없었다. 그러나 점차 입소문이 퍼지면서 판매량이 폭발적으로 늘어났다. 7권 《해리포터와 죽음의 성물》로 대단원의 막을 내릴 때까지 세계 135개국에서 출간돼, 초특급 베스트셀러 반열에 올랐다.

영국 100대 부호에 이름을 올린 롤링은 이렇게 말했다.

"제 책이 지금처럼 유명해졌으면 좋겠다고 바라기는 했어요. 하지만 가장 감격스러웠던 순간은 마침내 책이 출간될 거라는 사실을 알게 되었을 때입니다. 내가 쓴 책이 서점에 진열되는 걸 보는 게 제 꿈이었으니까요."

카페 구석에서 써내려간 원고가 그녀의 인생을 송두리째 바꿀 것이라곤 아무도 생각하지 못했을 것이다. 그녀가 가난과 멸시를 이겨내고 꿈을 향해 나갔기에 해리포터라는 대작이 탄생할 수 있었던 것이다.

조앤 롤링은 이렇게 말했다.

"삶에는 성취보다 더 많은 실패와 상처가 존재한다. 그러나 실패가 두려워 아무것도 하지 않는 것이 가장 큰 패배다."

그녀가 가난한 이혼녀에서 세계적인 작가가 될 수 있었던 것은 그동안의 숱한 실패와 상처를 극복해 냈기 때문이다. 만약 실패가 두려워 아무것도 하지 않는다면, 결국 영원한 겁쟁이로 남아있게 될 것이다.

조르주 상드_
남장을 선택한 여자

조르주 상드 George Sand 는 19세기 프랑스의 여류 소설가로, 본명은 오로르 뒤팽 Amandine Aurore Lucille Dupin 이다. 시인 뮈세, 음악가 쇼팽과의 연애사건으로 유명한 인물이다.

그녀는 16살 때 뒤드방 남작과 결혼했으나 행복한 결혼생활은 그리 오래가지 못했다. 두 아이를 데리고 파리로 떠난 그녀는 생계를 위해 일자리를 찾았다. 글재주가 있었던 오로르 뒤팽은 자신이 쓴 원고를 들고 출판사를 찾아갔다. 그 당시 유럽에서 여성이 문학을 하는 것은 고상한 취미쯤으로 여겨졌다. 여자가 전문 작가로 활동하는 것은 생각조차 할 수 없던 시대였다. 출판사 편집장은 그녀에게 매몰차게 말했다.

"부인, 문학은 여자가 할 일이 아닙니다. 집에서 아이나 잘 기르시지요."

그러나 그녀는 포기하지 않았다. 며칠 뒤 오로르 뒤팽은 '남장'을 하고 다시 출판사를 찾아갔다. 그녀를 남자라고 생각한 출판사 측은 원고를 받아주었고, 곧 '조르주 상드'라는 남자 이름으로 책이 출간됐다. 필명만 보고 당시 파리 사람들은 그녀를 남자라고 믿었다.

《앵디아나 Indiana》로 명성을 얻은 그녀는 남성적인 이미지를 더욱 부각시켰다. 남성용 외투를 입고 잿빛 모자를 썼으며 벨트를 착용하고 다니는 등 차림새와 말투까지 남자처럼 행동했다. 말투나 행동 또한 남자처럼 했다. 사람들은 조르주 상드라는 인물에 푹 빠졌고, 오로르 뒤팽은 조르주 상드라는 허구적 인물을 통해 사회적 차별을 딛고 작가로서의 입지를 다졌다.

위기를 극복하기 위해선 때론 자신을 바꿀 필요가 있다. 미국 대통령 링컨이 그 좋은 예다. 그는 촌스러운 옷에 수염까지 길러, 수수하고 서민적인 이미지를 부각시켰다.

개인은 자신의 개성을 살리는 것도 중요하지만, 상대방이 원하는 이미지에 부합하도록 노력할 필요도 있다.

마가렛 대처_
여성은 절대
나약하지 않다

2013년 4월, 영국 철의 여인 마가렛 대처 Margaret Thatcher가 세상을 떠났다. 세계 언론은 그녀의 사망 기사를 앞다퉈 보도 했고, 영국의 여왕 엘리자베스는 크게 슬퍼하며 유족에게 조의를 보냈다. 미국의 오바마 대통령 역시 "위대한 자유의 투사를 잃었다"며 애도를 표했고, 메르켈 독일 총리는 "그는 뛰어난 지도자로 많은 여성의 본보기였다"며 안타까워했다.

1959년 정계에 입문한 그녀는 1966년 재무부장관, 1970년 교육부장관을 거쳐 1975년 보수당의 당수가 됐다. 4년 뒤 1979년에는 영국 최초의 여성 총리가 됐고 이후 3선 연임, 11년 집권이라는 대기록을 남기기도 했다.

보수적인 남성중심 사회에서 그녀는 과감한 결단력과 강력한 추진력으로 영국을 이끌었다. 긴축재정으로 영국의 경제부흥을 이뤘으며 작은 정부, 자유 시장, 민영화 등으로 대표되는 일명 대처리즘 정책을 펼쳤다.

다양한 정치적 업적 중 포클랜드 전쟁Falkland Islands War은 그녀의 리더십을 잘 보여준다. 1982년 4월 2일 아르헨티나가 남대서양에 위치한 포클랜드를 무력 점령하자 대처는 곧바로 전쟁을 선포했다. 영국은 전함 100척, 항공기 90기를 전쟁에 투입하며, 두 달여 동안 치열한 싸움을 벌였다. 결국, 승리를 거머쥔 대처는 이 전쟁을 계기로 대처는 강력한 리더십을 인정받고 정치적 능력을 다시 한번 입증해 보였다.

무쇠처럼 단단한 그녀를 두고 일부에선 일 중독자, 독단주의자, 남편만이 유일한 친구 등 부정적인 평가를 하기도 했다. 하지만 그녀가 위대한 여성 지도자였음은 부정할 수 없는 사실이다.

그녀는 "남들과 다르게 생각하고, 다르게 행동하라. 세상을 지배하는 자는 같은 생각을 하는 다수가 아니라 다른 생각을 하는 소수다"라는 명언을 남겼다. 그녀의 말대로 남들과 비슷한 생각과 행동을 해서는 평범하거나 그 이하의 삶밖에 살지 못한다. 성공하고 싶다면 남들과 다르게 생각하고, 남들이 가지 않는 길을 걸어가야 할 것이다.

마가렛 대처는 "나는 언제나 이길 수 있다고 생각한다. 그래서 이 세상 누구도 나를 굴복시킬 수 없다"고 말했다.

이렇게 흔들림 없이 올곧은 삶의 철학은 그녀를 철의 여인으로 불리게 한 원동력이 되었다.

오프라 윈프리_
인생을 바꾼 독서의 힘

'토크쇼의 여왕' 오프라 윈프리 Oprah Winfrey가 2013년 〈포브스〉가 선정한 '가장 영향력 있는 유명인' 1위에 선정됐다. 그녀는 2011년 종영한 '오프라 윈프리 쇼'를 진행한 방송인 겸 영화배우다.

오프라는 1954년 미국 미시시피주에서 사생아로 태어났다. 어린 시절의 그녀는 피부색이 검다는 이유로 친구들에게 놀림을 받았으며, 14살에는 미혼모가 되었다. 그러나 얼마 뒤 아기가 죽는 불행을 겪은 그녀는 우울증에 빠져 가출, 마약, 폭식증으로 지옥 같은 시간을 보냈다.

그런 그녀가 책을 통해 인생을 바꾸기 시작했다. 그녀의 아버지는 어린 오프라를 도서관에 데리고 다녔다. 그녀의 독서량은 상당했는데, 어느 날 아버지에게 그 도서관에는 더 이상 읽을 책이 없으니 다른 도서관으로 가면 안 되겠느냐고 할 정도였다.

처음 그녀가 읽었던 책들은 주로 핍박당한 흑인 여성이 결국 고난을 극복한다는 내용이 많았다. 그중 흑인 여성 시인 마야 안젤루Maya Angelou의 자서전 소설《새장에 갇힌 새가 왜 노래하는지 나는 아네 I Know Why the Caged Bird Sings》는 오프라의 마음을 흔들었다. 후에 그녀는 독자들과 함께 안젤루의 집에 찾아가 대담하는 장면을 방송에 내보내기도 했다.

다양한 책을 섭렵하면서 그녀는 불행한 사람이 자신 말고도 많다는 사실에 위로받으며, 마음을 울린 몇몇 구절은 암송하기도 했다. 그렇게 읽은 수많은 책들은 그녀가 토크쇼의 여왕이 되는 밑거름이 되었다.

1996년 윈프리는 미국을 독서하는 나라로 만들겠다고 선언한 후 독서운동 전도사로 활약하기도 했다. 그녀는 독서운동에 대해 이렇게 설파했다.

"내가 책을 읽으면서 받았던 위안과 은혜를 되돌려주는 것이다. 독서가 오늘날의 나를 만들었다."

오프라 윈프리의 말대로 독서는 세상 뒤로 숨어버린 그녀를 밖으로 이끌어주었을 뿐만 아니라, 세계에서 가장 영향력 있는 여성으로 만들었다.

오프라 윈프리는 "당신은 누군가의 인생에 대해서 읽지만, 그것은 당신으로 하여금 자신의 인생에 대해 생각하게 해준다. 그것이 바로 독서의 아름다움이고 내가 책을 사랑하는 이유다"라고 말했다. 그녀는 "책 속엔 길이 있다"는 명언을 몸소 실천한 것이다.

가브리엘 샤넬_
여성의 몸을
자유롭게 하라!

샤넬CHANEL 은 가방, 의류, 선글라스, 쥬얼리, 향수 등을 제작·판매하는 프랑스의 패션 브랜드로, 창업자는 가브리엘 샤넬Gabrielle Chanel 이다. 1971년에 사망한 그녀는 20세기 여성 패션의 혁신을 선도한 패션 디자이너로 평가받고 있다.

샤넬은 1883년 프랑스 소뮈르Saumur 의 가난한 가정에서 태어났다. 어린 시절 어머니와 사별하고 아버지에게 버려져 보육원에서 자랐다. 그곳에서 바느질을 배웠는데 이는 훗날 샤넬이 디자이너로 성공할 수 있는 바탕이 됐다.

1910년 파리의 패션 거리에 샤넬 모드Chanel Modes 라는 모자 가게를 열었고, 디자이너로 이름을 알린 그녀는 휴양도시 도빌Deauville 에

부티크를 오픈했다. 처음 선보인 옷은 니트 카디건이었는데, 코르셋과 페티코트라는 무거운 여성용 속치마를 착용하지 않아도 될 정도로 헐렁한 디자인이었다. 또한 그녀는 남성 속옷에 사용되던 가벼운 저지 Jersey 천을 원피스에 도입해 인기를 끌었다. 당시는 세계대전이 한창이었는데 여성들은 화려한 장식이 달린 불편한 옷보다 샤넬이 만든 실용적이고 편한 옷에 매력을 느꼈던 것이다.

1921년 샤넬은 우리에게도 익숙한 N°5라는 향수를 출시했고, 잇따라 출시된 향수 모두 성공을 거뒀다. 그 기세를 몰아 1924년에는 최초의 코스튬 쥬얼리 Costume Jewelry, 모조 보석을 소재로 제작한 쥬얼리를 발표했다. 당시 상류층에서는 모조 액세서리에 대한 비난이 일었지만, 샤넬은 '보석은 부를 상징하는 것이 아니라, 패션을 위한 액세서리여야 한다'고 주장해 대중의 폭발적인 지지를 받았다.

이후 끈 달린 클러치 백, 주머니 달린 재킷 등을 선보이면서 패션계에 또 한 번 반향을 일으켰다. 특히 어깨에 멜 수 있는 끈 달린 가방은 여성들에게 큰 호응을 얻었다.

"여성의 몸을 자유롭게 하라"는 명언을 남긴 샤넬. 고정관념을 깬 그녀의 시도는 여성의 몸에 자유를 주었을 뿐만 아니라 여성의 의식과 삶을 바꾸는 데 일조했다. 샤넬은 생전에 "남성에게 잘 보이기 위한 옷이 아니라 입어서 편하고 만족스러운 옷을 만들어야 한다"고 말했다. 패션에 대한 그녀의 철학은 이후 샤넬을 세계적인 명품 브랜드로 만들었다.

샤넬은 정식적인 디자인 수업을 받은 적이 없다. 그러나 틀에 얽매인 교육
의 부재가 오히려 그녀에게 기존의 관습을 깨는 원동력이 되었다. 샤넬은 당
대 유명인들과 교류하며 시대를 예리하게 읽어 냈기에, 실용성과 심미성을
고루 갖춘 스타일로 20세기 여성 패션계에 한 획을 그을 수 있었다.

타르야 할로넨_
가장 낮은 곳에 있는
지도자

산타클로스, 자작나무의 나라 핀란드. 인구 500여만 명의 작지만 강한 나라를 12년 동안 이끈 것은 바로 여성 대통령, 타르야 할로넨 Tarja Halonen이었다.

핀란드 역사상 최초의 여성 대통령이기도 한 그녀는 재임기간 2001~2012년 동안 핀란드를 국가 청렴도 1위, 학업성취도 PISA 1위, 환경지수 1위인 나라로 만들었다. 2006년 재선에 성공했으며, 퇴임 때 80%라는 높은 국민적 지지를 받았다는 사실만으로도 그녀의 리더십은 탁월하다.

할로넨은 용접용 아버지와 재봉사 어머니 사이에서 태어났다. 노동계급 출신인 그녀는 헬싱키 대학원에서 법학을 전공했고, 이후 인권 변호사로 활약했다. 1979년 국회의원에 당선되며 정계에 입문했는데, 당시 미혼모였던 그녀는 모유 수유를 위해 갓난아기를 데리고 당당히 국회에 나갔다.

그녀는 사회복지부장관과 대통령 재임 시절 노동자와 여성을 위한 평등과 복지 정책을 펼쳤다. 특히 임금 차별을 지적하며 여성 할당제 정책을 추진해 여성의 지지를 얻기도 했다. 2013년 세계경제포럼에서 발표한 젠터 갭 리포트에 따르면 핀란드는 남녀 차이가 세계 136개국 가운데 두 번째로 낮았다. 그녀가 먼저 유리 천장을 깼고, 여성들이 차별을 극복할 수 있도록 이끌어준 셈이다.

여성 최초로 2선 대통령을 지낸 그녀에게서 '권력'이란 단어는 찾아볼 수 없다. 그녀의 별명은 '무민 마마moomin mamma'다. 무민은 하마를 닮은 핀란드의 국민 캐릭터로 다정하고 푸근한 할로넨의 이미지를 담고 있다. 평소 검소한 이미지와 관련해서는 다음과 같은 일화가 있다.

지난 2000년, 아시아 유럽 정상회의 때 할로넨은 핀란드 대표로 한국을 찾았다. 한국에 머무는 동안 그녀는 집에서 가져온 다리미로 손수 옷을 다려 입었고, 역시 챙겨 온 치약을 끝까지 짜 썼다. 머리 손질도 스스로 할 수 있다며 전문 미용사의 서비스를 사양했다고 한다.

노동계급 출신 미혼모는 차별을 이겨내고, 또 다른 약자를 위해 손을 내밀어 주었다. 국가 최고의 권력을 얻어도 스스로 낮은 위치에 서려는 그녀야말로 진정한 리더의 모습일 것이다.

할로넨은 이렇게 말했다.

"리더는 사람들의 이야기를 잘 들어야 한다. 용기가 있어야 하고 또한 나아갈 방향을 제시할 수 있어야 한다. 그러나 이보다 중요한 것이 있다. 리더는 스스로 변화를 만드는 게 아니라, 사람들이 변화할 수 있도록 해야 한다."

썩은 사회를 바꿔보겠다고 리더의 자리에 오르려는 사람들이 많다. 할로넨의 말처럼 리더는 세상을 바꾸는 것이 아닌, 사람들로 하여금 바꿀 수 있도록 이끌어 주는 자리다. 결코 높은 자리가 아니다.

헤더 왕_
세계무대 속
아시아 여성의 리더십

GE General Electric Company 는 세계적인 미국의 종합 가전 기업이다. 미국의 경제 전문잡지인 〈포춘〉지는 2005년 세계에서 가장 존경받는 기업으로 GE를 선정했으며, 2010년에는 〈포브스〉가 다국적 기업의 총매상, 수익, 자산, 시장가치 기준으로 GE를 세계 제2위 기업으로 선정했다.

이 세계적인 기업의 인사담당 총괄 부사장은 바로 중국 출신의 여성 '헤더 왕 Heather Wang'이다. 그녀는 2011년 11월 'GE-현대카드/현대캐피탈 우먼스 네트워크 Women's Network 콘퍼런스'에서 강연하기 위해 한국을 방문했다. 강연 후 한 유명지 인터뷰에서 그녀는 아시아 여성으로서 어떻게 미국에서 성공할 수 있었는지 그 비결을 밝혔다.

1994년 GE에 입사한 그녀는 업무를 어떻게 해야 할지 전혀 감을 잡지 못했다. 동양인인 그녀로서는 미국의 기업문화에 익숙해지는 데만 몇 달이 걸렸다.

"미국 문화는 직설적이고 간단명료한 걸 좋아합니다. 반면 아시아는 겸손하고 남을 배려하는 문화지요. 한번은 GE의 고위 임원이 아시아 직원들과 회의를 하고 나더니 '불필요한 말 대신 요점을 얘기하는 법을 익히라'고 지적하더군요."

나중에 그것이 동양 문화라는 것을 알고 그가 사과했지만, 헤더 왕은 모든 일에 절대적으로 옳은 것은 없으며 효율적으로 일하기 위해 자신이 일하는 곳의 문화를 받아들이면 된다고 말했다.

그녀는 고등학생 딸을 둔 '워킹 맘'이다. 일과 가정 사이에서 고민하는 현대 여성에게 그녀는 하나의 모델이 되어 준다. 그녀는 일과 육아에서 고민하는 여성들에게 '좋은 엄마', '좋은 아내'에 대한 기대치를 낮추라고 한다. "누구도 100% 잘할 수 없다. 80%만 해도 잘한 거다"라며 본인이 더 하고 싶은 것을 우선적으로 택하고 그 결과를 받아들이면 된다고 조언했다.

아울러 그녀는 리더십에 있어서 남녀의 차이는 없다고 주장했다. 요즘 같이 국적의 경계가 모호한 사회에서 리더는 다양한 문화를 수용하여 협력을 이끌어 내야 한다고 목소리를 높였다. 진정한 리더는 사람들의 의견을 경청하고 사원들을 고무시킬 수 있어야 한다고도 했다. 그녀가 세계적인 기업에서 촉망받는 리더가 될 수 있었던 비결은 바로 '수용'과 '경청'이었다.

아시아와 여성이라는 두 가지 핸디캡을 극복한 그녀는 우리가 세상에 미칠 수 있는 영향력은 의외로 대단하다고 말한다. 그녀의 말대로 우리는 자신감을 갖고 스스로의 가치를 발휘하도록 노력해야 할 것이다.

PART 7

그 밖의 이야기

×××××

현재 자신이 나약하다고, 위치가 낮다고, 가정환경이 어렵다고 현실만
한탄하고 있어서는 안 된다. 미래를 향해 진보한다는 믿음이 있을 때
어려운 환경은 극복할 수 있다. 나쁜 상태에서 좋은 상태로, 낮은 곳에
서 높은 곳으로 전진하고자 하는 마음가짐이 중요하다. 앞으로 더 먼
곳, 높은 곳을 볼 때 그곳으로 나아가는 힘이 생기는 것이다.

엉뚱한 질문엔
엉뚱하게 사고하라

어느 왕이 한가로이 궁궐을 산책하고 있었다. 그는 연못 옆을 지나가다 신하들에게 물었다.

"이 연못의 물은 몇 통이나 되겠는가?"

왕의 엉뚱한 물음에 신하들은 서로 얼굴만 쳐다볼 뿐이었다. 아무도 대답을 하지 못하자 왕은 이렇게 말했다.

"아무도 아는 자가 없는가? 그렇다면 사흘 후에 다시 묻겠다. 정답을 말하는 자에게는 큰 상을 내릴 것이다."

그 후 3일이 지났지만, 신하들은 여전히 답을 찾지 못했다. 이때 한 늙은 신하가 왕 앞에 엎드려 이렇게 말했다.

"황공하오나 폐하, 소신은 무지하여 답을 올리지 못하겠사옵니다.

그러나 폐하께 한 사람을 추천하고자 하오니 부디 허락해 주옵소서."

"그래, 누구를 추천한다는 건가?"

왕이 물었다.

"성 동쪽에 총명한 아이가 하나 살고 있다고 합니다. 그 아이를 데려다 물어보심이 어떠신지요?"

왕은 흔쾌히 허락했고, 다음 날 그 아이가 왕 앞으로 불려 왔다. 왕은 다시금 문제를 낸 뒤, 그 아이를 데리고 연못으로 데려가 보여 주려고 했다. 그러자 소년은 천진하게 웃으며 이렇게 말했다.

"가 볼 필요도 없습니다. 그 문제는 너무 쉽습니다."

왕은 그 말을 듣고 몹시 기뻐하며 물었다.

"오, 그래? 그럼 어서 정답을 말해 보아라."

아이는 두 눈을 초롱초롱 빛내며 대답했다.

"그 통이 어떤 통인지를 먼저 보아야 합니다. 만약 그 통이 연못과 같은 크기의 통이라면 물은 한 통이 될 것이고, 만약 통이 연못의 절반 크기면 연못의 물은 두 통이 될 것입니다. 그리고 통이 그 연못의 3분의 1 크기라면 연못의 물은 3통이 될 것이고, 만약…"

"옳거니. 그만 됐다!"

왕은 무릎을 치며 소리쳤다. 아이의 대답을 들은 왕은 흡족한 표정을 지으며 소년에게 큰 상을 내렸다.

어려운 문제를 만나면 지레 겁먹고 포기하는 사람들이 많다. 그러나 포기하지 않고 지긋이 문제를 해결하려 할 때 비로소 지혜가 나온다. 지혜로운 사람들은 다양한 각도에서 사고한다. 고정관념을 버리고 새로운 방식으로 생각하면 문제 해결의 실마리가 보일 것이다.

스스로 탐구하는 사람이
성공한다

한 교수가 졸업생들에게 이런 이야기를 들려주었다.

외국의 어느 출판사에서 베스트셀러를 내기 위해 기획전문가를 불러 좋은 아이디어를 내도록 했다. 이에 기획자는 다음과 같은 안을 내놓았다고 한다.

"책 표지에 '당신도 책을 쓸 수 있다'는 제목을 붙이고, 그 안에는 어떠한 글자나 그림도 넣지 않는 겁니다. 이 책을 산 사람이 백지에 글을 채워 넣고, 그것을 출판사에 보내도록 유도하는 것이지요. 독자들이 이 책을 보내오면 심사를 거쳐 뛰어난 작품을 선정하고 그 책을 출판하면 어떻겠습니까?"

출판사 사장은 기막힌 아이디어라며 당장 실행에 옮기도록 했다. 아니나 다를까 이 책은 출간되자마자 선풍적인 인기를 불러일으키며 순식간에 수십만 부가 팔렸다.

이 책이 화제가 되자 어느 기자가 기획자를 찾아 어떻게 이런 기발한 아이디어를 내게 되었느냐고 물었다. 기획자는 이렇게 대답했다.

"책을 책으로 팔지 않을 때, 비로소 책으로 파는 것보다 더 큰 효과를 얻을 수 있습니다."

"그럼 당신은 이것을 책이 아니면 무엇으로 팔았습니까?"

기자가 다시 물었다. 그리고 기획자가 대답했다.

"나는 그것을 노트로 팔았습니다."

교수의 이야기가 끝나자 많은 학생들이 기획자의 비범한 상상력과 아이디어에 감탄했다. 그리고 한 학생이 말했다.

"이 이야기를 교육에 접목시키면 어떨까요? 학생들이 단순히 교사에게 지식을 주입받는 것이 아니라 자신의 상상력과 창의력을 발휘하는 것이지요. 의자에 가만히 앉아 있는 것보다 직접 경험하고, 쓰고, 말한다면 그 과정에서 학생들 스스로가 지식을 발견하고 자신의 능력을 깨닫게 될 것입니다."

지식을 주입하고 암기하게 하는 시대는 지났다. 오늘날 교육의 흐름은 학생들의 능력을 배양하고 소질을 기르는 방향으로 나아가고 있다. 그런 흐름에 동참하려면 단편적인 지식을 가르칠 것이 아니라 학생들 스스로 사고하고 지식을 탐구하는 방법을 알려주어야 할 것이다.

시작은 미약하나
그 끝은 창대하리라

15세의 동양인 소년이 긴 여정 끝에 샌프란시스코 항구에 도착했다. 허름한 옷차림을 한 소년의 손에는 옷가지가 든 작은 가방과 한 장의 약도가 들려있었다. 그는 친척이 경영하는 차이나타운의 한 중화요리점으로 향했다.

그는 그 요리점의 종업원으로 부지런히 일하여 3년 만에 작은 음식점 하나를 차릴 수 있었다. 대여섯 명의 손님이 들어오면 꽉 찰 정도의 비좁은 가게였지만, 그는 최선을 다해 사업을 이끌어갔다. 청년은 자신의 가게 뒤편에 작고 지저분한 셋방을 얻어 새우잠을 자며 미래를 꿈꿨다.

다시 또 3년이라는 시간이 흘렀고, 그는 자신의 가게 바로 옆에 위치한 음식점을 인수했다. 역시 작고 허름한 가게였지만 현재의 가게

보다는 규모가 조금 컸다. 그는 자신의 가게를 임대로 내놓고 성실하게 새 음식점을 꾸려나갔다.

또다시 5년이 지났고 청년은 근처의 작은 건물을 살 수 있게 됐다. 이렇게 하여 15살 소년은 미국에 건너온 지 10년이 조금 넘어 건물을 소유한 어엿한 사장이 되어 있었다. 그 뒤로 성실함을 무기로 그는 승승장구하여 LA에 몇 채의 빌딩을 소유한 부자가 될 수 있었다.

이 글의 주인공은 15살이라는 어린 나이에 빈손으로 미국에 건너갔다. 그는 성공하겠다는 굳은 의지와 특유의 성실함으로 묵묵히 자수성가의 길을 걸었다. 성공하는 사람에게는 마치 민들레 홀씨처럼 어디선가 날아와 뿌리를 내리고 꽃을 피우는 강인한 생명력이 있다.

부하를 다스리는
리더의 지혜

어느 날 상商나라 태재가 부하를 시켜 시장을 살펴보고 오도록 했다.

순시를 마친 부하가 돌아오자 태재가 물었다.

"그래, 시장은 어떻더냐?"

"별로 특별한 게 없었습니다."

"특별한 것이 아니라도 네가 본 것을 말해 보아라."

"시장의 남문 밖에 우마차가 몰려 있어서 통행하기가 매우 불편했습니다."

이 말을 들은 태재는 부하에게 단단히 일렀다.

"내가 오늘 너에게 물어본 내용을 절대로 다른 사람에게 누설해서는 안 되느니라."

부하가 물러간 뒤 태재는 시장을 책임지고 있는 관리를 불러 추궁했다.

"시장 남문 밖에 소똥이 가득 쌓여 있는데, 왜 깨끗이 치우지 않느
냐!"

깜짝 놀란 관리는 속으로 생각했다.

'아니, 태재가 어찌 그런 일까지 알고 있단 말인가?'

그는 곧 시장으로 달려가 소똥을 말끔하게 치우고 시장을 정돈했다.

상나라 태제는 부하들에게 긴장감을 주기 위해 지혜로운 전략을
썼던 것이다.

조직을 이끌기 위해서 리더는 뛰어난 리더십을 발휘해야 한다. 상사가 항
상 지켜보고 있으며, 세세한 점까지 꿰뚫어보고 있다는 메시지를 주는 것도
부하를 통솔하는 한 가지 방법이다.

실패는 소중한 자산이다

어느 회사에서 인재 초빙 공고를 냈는데 지원자가 벌 떼처럼 몰려들었다. 그들 대부분은 고학력자에 뛰어난 실력자들이었다.

세 차례의 심사를 거쳐 10명의 응시자가 살아남았고, 최종적으로 6명이 선발될 예정이었다.

최종 면접 날. 이상하게도 면접 장소에 11명의 응시자가 모였다.

"오늘 면접자는 10명인데, 면접 통보를 안 받고 오신 분이 누구시죠?"

면접 진행요원이 의아한 표정으로 묻자 맨 끝에 앉아 있던 남자가 일어나서 말했다.

"바로 접니다. 저에게 한 번만 더 기회를 주십시오."

그의 대답에 면접장 곳곳에서 웃음소리가 터져 나왔다. 면접관 역시 얼굴에 웃음을 머금고 물었다.

"당신은 1차 시험도 통과하지 못했군요."

그 남자는 기죽지 않고 당당하게 말했다.

"시험은 잘 보지 못했지만 저는 많은 자산을 가지고 있습니다. 바로 제 자신이 자산입니다."

그의 발언에 다른 면접자들은 비웃음을 흘렸다. 그러나 남자는 굴하지 않고 계속해서 자신을 소개했다.

"저는 전문학교를 졸업했지만, 10개의 회사에서 일한 경험이 있습니다. 직장을 옮긴 것이 아니라 그 회사가 모두 문을 닫아서 어쩔 수 없이 그만두게 된 것입니다. 여러 회사에서 일한 경험이 제 자산입니다."

남자는 계속해서 말했다.

"저는 그 10개의 회사에 대해 잘 알고 있습니다. 전 동료들과 회사를 살리려고 노력했으나 성공하지 못했습니다. 그러나 착오와 실패속에서 많은 것을 배웠지요. 저에게는 성공 경험은 없지만, 실패를 피할 수 있는 능력이 있습니다."

이때 문가 쪽에 앉아 그를 흐뭇하게 바라보던 노인이 말했다.

"매우 좋습니다. 당신을 우리 회사에 채용하겠습니다."

옥에도 티가 있다. 성공한 경험도 중요하지만, 실패도 소중한 경험이다. 실패한 자는 어떤 상황에서 일이 잘못되고, 어떻게 해야 실패를 면할 수 있는지 알고 있다. 실패도 소중한 자산이라 생각하고, 이를 발판삼아 앞으로 나가도록 하자.

높은 곳에서
시작할 필요는 없다

전산학 박사학위를 가진 남자가 일자리를 구했지만 계속 허탕만 쳤다. 그는 생각 끝에 직업소개소를 찾아가 학력란에 고등학교 졸업으로 기재한 뒤, 급여도 매우 낮은 조건으로 등록했다.

며칠 뒤, 한 회사에서 그를 데이터입력 사원으로 채용했다. 얼마 지나지 않아 그 회사 사장은 이 남자가 다른 사원들보다 뛰어나다는 것을 알게 되었다. 그때 남자가 학사 학위증을 보여주자 사장은 그에 상응하는 직위로 올려 주었다.

얼마 지나지 않아 남자가 비용을 절감할 수 있는 방법을 제안했다. 사장은 그의 능력이 다른 대졸 사원보다 낫다는 생각을 하며 그를 칭찬했다. 그때 남자는 석사 학위증을 내보였고 사장은 즉시 그를 승진시켰다.

그렇게 반년이 지났다. 남자는 새로운 프로그램을 개발하는 등 탁월한 능력을 보였다. 사장은 그와의 면담을 통해 그가 사실 전산학 박사이며, 취업이 안 돼 학위를 숨기고 들어왔다는 사실을 알게 되었다. 이튿날, 사장은 전 직원에게 그를 부사장으로 임명한다고 선포했다.

그는 박사학위를 소지한 자신의 능력에 맞는 대우를 받고 싶었지만, 현실을 깨닫고 낮은 단계부터 시작했다. 그는 결국 자신의 능력을 인정받게 되어 부사장 자리까지 오르게 되었다. 현실적으로 처신한 그도 지혜롭지만, 부하의 능력에 합당한 대우를 해준 그의 상사 또한 현명한 리더라고 할 수 있다.

당신에게 능력과 열정이 있다면 분명 사회는 당신의 가치를 알아보고 그에 합당한 대우를 해줄 것이다. 처음부터 낮은 곳에서 시작해 자신의 능력을 하나씩 보여주는 것도 거친 사회에서 생존하기 위한 하나의 방법이 될 수 있다.

곱사등이 왕자의 기적

고대 그리스에 등이 굽은 채로 태어난 왕자가 있었다. 왕은 전국의 이름난 의사들을 불러 왕자의 굽은 등을 고쳐 보려고 갖은 애를 써 보았지만 아무런 효과를 보지 못했다.

열등감에 사로잡힌 왕자는 점점 사람들을 피하게 됐다. 이런 아들의 모습에 슬픔에 잠긴 왕은 솜씨가 뛰어난 조각가를 불러 조각상을 만들도록 명령했다. 조각가는 등이 곧고 늠름한 남자의 전신상이었다.

왕은 그 조각상을 왕자의 방 앞에 세워두었다. 그리고 아들에게 말했다.

"너도 이렇게 멋진 왕자가 될 수 있단다."

아버지의 격려를 받은 왕자는 눈물을 흘리며 조각상처럼 멋진 남자가 될 수 있다는 용기를 얻었다.

그 후 왕자는 매일 같이 등을 곧게 펴기 위한 운동을 했다. 낮에는 몸을 쭉 뻗고 걷는 연습을 했고, 자기 전에는 그 조각상처럼 되게 해 달라고 간절히 기도했다.

몇 년 뒤, 많은 사람들이 왕자를 볼 때마다 이렇게 말하기 시작했다.

"왕자님, 등이 예전보다 곧아졌습니다."

그 말을 들은 왕자는 자신감을 얻고 등을 더 곧게 펴려고 노력했다. 마침내 그는 조각상의 남자처럼 등이 곧고 멋진 왕자가 되었다.

당신도 이 왕자처럼 열등감을 갖고 있지는 않은가? 만약 열등감이 있다면 '나는 할 수 있다'고 생각을 바꿔 보자. 그리고 매일 피나는 노력을 한다면 기적이 일어날지도 모른다. 그러나 부모님을 원망하거나 현실에서 도망치려고만 하면 절대 열등감을 극복할 수 없다.

시도 없이
아무것도 할 수 없다

어느 나라 왕이 신하들을 불러놓고 이렇게 말했다.

"그대들은 이 나라의 인재들이오. 내가 문제를 하나 낼 테니 풀어
보시오."

왕은 신하들을 이끌고 그들이 한 번도 본 적이 없는 커다란 문 앞
에 다가섰다.

"이 문은 이 나라에서 가장 크고 무거운 문이오. 어떻게 하면 열
수 있겠소?"

그러자 신하들은 모두 고개를 갸웃거리며 고민했다. 어떤 신하는
문 가까이 가서 돋보기로 관찰했고, 어떤 이는 문을 만져보았지만 끝
내 열지는 못했다. 또 어떤 신하는 책을 뒤적이고, 몇몇 신하들은 토

론을 벌이며 궁리했지만 방법을 찾지 못했다. 아무런 묘책이 나오지 않자 그들은 문 열기를 포기해 버렸다.

그때 한 대신이 앞으로 걸어 나왔다. 그가 문고리를 잡고 밀자 문은 아주 쉽게 열렸다. 사실 그 문은 크기만 했지 전혀 무겁지 않았다. 게다가 완전히 닫혀 있지 않아서 손으로 조금 밀기만 하면 누구나 쉽게 열 수 있었다.

왕이 그에게 말했다.

"자네는 보고 들은 것에 제한받지 않고 용기 있게 모험을 했다. 앞으로 그대에게 조정의 중요한 임무를 맡기도록 하겠다."

애초에 왕의 말을 그대로 믿어버린 신하들은 큰 문을 보자 지레 겁을 먹고, 문을 열어 보려는 시도조차 하지 않은 것이다. 하지만 나중에 나선 신하는 일단 열리는지 직접 문을 밀어보았다. 문을 열지 못한 신하들은 자신의 어리석음에 얼굴이 붉어졌다.

성공할지 실패할지는 아무도 모른다. 미리 겁부터 먹고 시도조차 하지 않으면 어떠한 일도 할 수 없다. 무턱대고 도전하라는 뜻이 아니다. 남의 말을 그대로 믿지 말고 스스로 가능성을 헤아려 본 뒤, 시도하라는 의미다.

내가 '승냥이'를
만난다면?

일본의 한 기업가가 전기스토브를 가지고 미국 시장에 진출할 계획을 세우고 있었다. 그는 미국인들이 주택, 자동차, 냉장고, TV 할 것 없이 무엇이든 큰 것을 좋아한다는 사실에 주목했다. 그는 전기스토브를 크게 만들었고, 미국 소비자들로부터 환영을 받았다.

그러던 어느 날 그의 회사에서 전기스토브를 구입한 미국의 한 주부가 애완견을 목욕시키려다가 문득 전기스토브가 떠올랐다. 그 제품에 열을 가할 수 있다는 설명서의 문구에 맞게 애완견을 넣고 열을 가했다. 그 결과가 어떻게 되었는지는 굳이 말하지 않아도 알 것이다. 애완견을 잃은 여자는 전기스토브 회사를 상대로 법정 싸움을 벌였다.

만약 이 일이 중국이나 일본에서 벌어졌다면 백이면 백 모두 그녀를 바보라고 비난했을 것이다. 그러나 미국인들은 그렇게 생각하지 않았다. 왜냐하면, 그 전기스토브의 사용 설명서에는 동물을 넣고 열을 가해서는 안 된다는 주의사항이 적혀 있지 않았기 때문이다. 최종적으로 그 주부는 소송에서 이겼다. 스토브를 판매한 일본 회사는 그녀에게 손해배상을 해야 했다. 이 일이 알려지자 일본인들은 미국인들을 가리켜 인간이 아니라 승냥이 같다고 했다. 무리 지어 다니면서 사냥을 하는 승냥이의 특성을 비유한 것이다. 그러면 승냥이 무리와 맞서려면 어떻게 해야 할까?

의외로 답은 간단하다. 내가 승냥이로 변하면 된다. 승냥이의 머리로 문제를 생각하면 자연히 승냥이한테 물리지 않을 것이다. 그러므로 승냥이를 만나면 승냥이가 되는 것이 최고의 방법이라 할 수 있다.

사회생활에서 각양각색의 도전과 압력, 그리고 수많은 복잡한 일들과 맞닥뜨리게 된다. 이런 상황은 승냥이 무리를 만나는 것과 같다. 피하지도 말고 맞붙지도 말고, 승냥이의 눈으로 살펴보고 승냥이의 머리로 생각한다면 승냥이의 위협도 사라지고 말 것이다.

사람은 마땅히 융통성이 있어야 한다. 무리수를 두는 것은 문제 해결에 있어서 올바른 방법이 아니다. 만약 강대한 적수를 만났을 때 물리칠 수 없다면 어떻게 할 것인가? 우리는 마땅히 임기응변으로 대담하게 그들을 포용하고 친구로 사귈 줄 알아야 한다.

겉모습만 보고
판단하지 말라

1885년 어느 날. 초라한 옷차림의 노부부가 하버드대학 총장실로 찾아왔다.

"저기, 총장님을 뵈러 왔습니다만…."

총장의 비서는 그들을 아래위로 한 번 훑어보더니 차갑게 말했다.

"총장님은 지금 무척 바쁘십니다."

그러자 노부인이 말했다.

"괜찮아요. 얼마든지 기다리지요."

그 후, 몇 시간이 지나도록 비서는 노부부를 거들떠보지도 않았다. 그들이 돌아갈 생각을 하지 않자 마지못해 비서가 총장에게 사실을 알렸다.

총장은 귀찮았지만, 그들을 안으로 들여보내도록 했다. 총장실로 들어간 노부인이 총장에게 말했다.

"저희에게는 이 학교에서 공부했던 아들이 하나 있었어요. 그 아이는 하버드대학에서 공부했던 시절을 소중하게 여겼답니다. 그런데 지난해 뜻밖의 사고를 당해 세상을 떠나고 말았지요. 그래서 저희 부부는 아들을 위해 이 학교 교정에 기념물을 하나 세우기로 했답니다."

그 말을 들은 총장은 퉁명스럽게 말했다.

"두 분의 뜻은 잘 알겠지만, 이 대학에 다녔던 모든 학생들을 위해 교정에 조각상을 세운다면 이 학교는 조만간 공동묘지가 되고 말 겁니다."

노부인이 손을 저으며 말했다.

"아닙니다. 조각상 같은 걸 세우려는 게 아니라 건물을 하나 세웠으면 하는데요."

총장이 노부부를 다시 한번 훑어보고는 이렇게 말했다.

"부인, 건물 하나를 짓는 데 얼마가 드는지 알고 얘기하시는 겁니까? 이 건물을 세우는 데 자그마치 750만 달러가 들었습니다."

그러자 노부인은 한참 동안 아무 말이 없었다. 총장은 이 정도면 노인들이 분수를 알고 돌아갈 거라고 생각했다. 그런데 노부인이 남편에게 이렇게 말하는 것이었다.

"영감, 건물 하나 짓는 데 그 정도밖에 돈이 들지 않는가 보네요. 차라리 우리가 새로 대학을 설립하는 게 나을 듯싶군요."

노부부는 자리에서 일어나 총장실을 나갔다.

1891년 노부부는 캘리포니아주에 대학을 설립하고 자신들의 성을 따서 스탠퍼드라고 이름을 붙였다. 서부의 명문 스탠퍼드는 겉모습 때문에 하버드 총장에게 무시당한 노부부에 의해 탄생된 것이다.

현명한 자는 결코 사람의 겉모습만 보고 판단하지 않는다. 눈에 보이는 것으로 사람을 판단하지 말고 보이지 않는 내면을 들여다보려고 노력하라.

위대한 역사가
시작되는 순간

제2차 세계대전 때의 일이다. 1944년 4월 소련군은 독일군을 공격해 페레코프Perekop 를 되찾고자 했다. 페레코프는 우크라이나 본토와 크림 반도를 잇는 지역으로 지세가 험준하여 방어하긴 쉬워도 공격하기 힘든 곳이었다. 독일군은 이러한 지역적 특성을 이용해 고작 4만 명의 병력으로 소련군의 공격을 무력화할 수 있었다.

'지피지기면 백전백승'이라는 말처럼 소련군은 독일군의 상황을 파악하는 것이 급선무였다. 소련군 장교들은 어떻게 하면 빠른 시간 내에 적의 병력과 배치 상태를 파악할 수 있을까 하는 문제를 놓고 골몰했다.

4월 6일 큰 눈이 내리던 날이었다. 사단 참모장이 막사로 들어섰을 때 그의 어깨에는 눈송이가 쌓여 있었다. 눈은 막사의 훈훈한 온기 때문에 조금씩 녹기 시작했다. 그 순간 총사령관의 머릿속에 기발한 생각이 스쳤다.

'기온이 올라가면 참호 안의 눈이 녹을 것이고, 참호 안은 그야말로 진창이 돼버릴 것이다. 그렇게 되면 독일군은 진흙을 참호 밖으로 퍼낼 것이고, 진흙이 쌓여 있는 상황으로 적군의 방어 상태를 알 수 있을 것이다.'

사령관은 즉시 독일군의 진지 상황을 관찰하도록 명령했다. 그리고 세 시간도 지나지 않아 독일군의 배치 상황을 파악할 수 있었다. 적군은 제1참호 앞에는 버려진 진흙의 양이 얼마 되지 않았고, 제2, 3참호 앞에는 상당한 양의 진흙이 쌓여 있었다. 그리고 애초에 적의 주요 방어 요새로 예상했던 몇 곳은 아무 흔적도 없었다.

사령관은 참호 앞에 버려진 진흙의 양을 보며 제2, 3참호에 병력이 집중되어 있으며 몇몇 요새는 눈속임을 위한 위장 참호라고 결론지었다. 소련군은 정확하게 목표물을 향해 포격을 가했고, 결국 8일 만에 소련군은 독일군을 무너뜨려 페레코프를 되찾았다.

소련군 사령관은 참모장의 양어깨에 쌓인 눈송이가 녹는 장면을 포착하고 그것에서 전략의 힌트를 얻었다. 이처럼 우리는 매우 사소하고 일상적인 사물의 변화를 통해 문제를 해결할 기회를 얻을 수 있다. 사소한 관찰에서 위대한 역사가 탄생하는 것이다.

강자를 내 편으로
끌어당기는 힘

기원전 433년, 코르키라 섬과 그리스 도시국가 코린트가 전쟁을 앞두고 있었다. 두 나라는 모두 아테네가 자국을 지원해 주길 바라고 있어서 각각 아테네에 사절을 보냈다.

코르키라의 사절은 아테네의 왕에게 말했다.

"지금껏 저희가 아테네를 도운 적이 없음은 사실입니다. 그러나 코르키라와 동맹을 맺으면 분명 서로에게 이익이 될 것입니다."

이어 코르키라는 아테네 다음으로 강력한 해군을 보유하고 있었기에 힘을 합치면 당시 경쟁국인 스파르타를 위협할 수 있다고 설득했다.

한편 코린트 사절은 과거 아테네와 나누었던 우정을 떠들어댔고, 심지어 과거에 아테네를 도왔으니 그 은혜에 보답하라며 은근히 압력을 가하기도 했다.

결국, 아테네는 전략적 요충지에 위치한 코르키라와 동맹을 맺었다. 아테네가 원한 것은 과거의 우정이 아니라 현재의 이익이었다. 아테네 인들은 지극히 현실주의자다. 그들은 합리적이고 실질적인 것을 중시했다. 다른 아테네 도시국가가 아테네의 배신행위를 비난한다 하더라도 코린트는 아테네와의 동맹을 끊을 수 없었다. 그리스에서 가장 강력한 아테네에 대항한다는 것은 곧 멸망을 의미했기 때문이었다.

아테네는 과거의 우정보다는 현재의 이익을 선택했다. 합리적이고 현실을 중시하는 아테네를 설득하기 위해 코르키라 사절은 과거 아테네와 인연이 없었음을 솔직히 인정하고 막강한 해군력을 무기로 내세웠다. 이렇듯 상대방을 자기편으로 끌어들이기 위해서는 그가 원하는 것을 구체적으로 제시할 줄 알아야 한다.

적당한 위기의식이
필요하다

　1925년 미국의 한 과학연구소에서 쥐를 대상으로 실험했다. 금방 젖을 뗀 쥐를 A, B 두 집단으로 나누어 A집단에는 먹이를 넉넉히 주고, B집단에는 A집단의 60%만 주었다.

　연구원들은 B집단의 쥐들이 영양실조 등의 이유로 수명이 짧아질 것이라고 생각했다. 그러나 결과는 완전 반대였다. 먹이를 충분히 먹은 A집단의 쥐들은 채 3년도 살지 못했고, B집단의 쥐들은 A집단보다 오래 살았을 뿐만 아니라 털에 윤기가 나고 피부에 탄력이 있었으며 행동도 민첩했다. 더욱 불가사의한 것은 면역력이나 성 기능도 A집단의 쥐들보다 월등히 강했다는 것이다.

　연구 결과에 의심을 품은 연구원들은 파리, 물고기 등으로 대상을 넓혀 동일한 실험을 했다. 그러나 결과는 모두 같았다. 먹이에 대한 걱정이 없는 집단은 나태해졌을 뿐만 아니라 위험에 대한 대처능력도 떨어졌다. 신체적으로도 과도한 음식을 소비하기 위해 내장 기관이 불필요하게 많이 활동해서 금세 그 기능이 악화됐던 것이다. 반대로 먹이가 부족한 집단의 생물들은 항상 긴장했고, 먹이를 얻기 위해 민첩하게 행동하고 있었다.

연구원들은 일련의 실험을 통해 '건강한 삶을 위해선 적당한 음식물 섭취와 약간의 긴장감이 필요하다'는 결론을 내렸다.

지나치게 평온하고 편안한 삶이 때론 위험할 수 있다. 오히려 위기의식을 갖고 적당히 긴장해야 건강한 삶을 살 수 있다.

돌멩이와 보석의 차이

어느 고아원에서 한 남자아이가 원장에게 이런 질문을 했다.

"원장님, 저처럼 버림받은 고아들이 살아서 무슨 의미가 있을까요?"

원장은 미소만 지을 뿐 아무 말이 없었다. 이튿날, 원장은 그 아이에게 돌멩이를 하나 쥐여 주면서 말했다.

"이 돌멩이를 시장에 가지고 나가 보거라. 하지만 누가 얼마를 주든 절대 팔아서는 안 돼. 알았지?"

소년은 돌멩이를 가지고 시장 한쪽 구석에 쪼그리고 앉았다. 시장을 지나는 사람 중에 아이와 돌멩이에 관심을 보이는 이는 아무도 없었다. 그러나 시간이 조금 흐르고 사람들이 하나둘씩 돌멩이에 관심을 보이기 시작했다. 그리고 자연스럽게 흥정가격도 올라갔다.

저녁에 고아원으로 돌아온 소년은 무척 들뜬 목소리로 원장에게 이 사실을 이야기했다. 원장은 미소를 지으며 내일은 돌만 취급하는 시장에 가져가 보라고 했다.

다음 날, 소년은 원장의 말에 따라 돌을 가지고 돌 교역 시장으로 갔다. 사람들은 어제보다 몇 배가 넘는 가격을 부르며 서로 사겠다고 아우성이었다.

다음 날, 원장은 아이에게 그 돌을 보석시장에 가져가 보라고 했다.

보석시장에 가자 누군가 그 돌멩이를 사겠다고 나섰다. 그 금액은 전날보다 열 배가 넘는 가격이었다. 소년이 한사코 돌멩이를 팔지 않겠다고 하자, 그 돌은 '세상에 둘도 없는 보배'로 알려졌다.

매우 흥분한 소년이 고아원으로 달려가 시장에서 있었던 일들을 이야기하자 원장은 사뭇 진지한 목소리로 말했다.

"사람의 가치는 이 돌멩이와 같단다. 보잘것없는 돌멩이도 네가 아끼고 한사코 팔지 않으려고 하니까 그 가치가 껑충 뛰어오르고 심지어 세상에 둘도 없는 보배로 소문이 나지 않더냐. 너도 이 돌멩이와 같단다. 네 스스로 자신을 아끼고 소중히 여긴다면 그만큼 너의 가치가 높아질 수 있는 것이란다."

스스로를 보잘것없는 사람으로 여기면 남들도 당신을 그렇게 취급한다. 하지만 자신을 소중히 여기면 남들도 당신을 높게 평가하며 존중해 준다. 모든 것은 마음가짐에 달려 있다. 똑같은 사람이라도 주변 환경을 어떻게 만드느냐에 따라 그 가치는 확연한 차이를 보인다.

지식보다 중요한 것은 상상력이다.
- 아인슈타인

세상 모든 일은 당신이 무엇을 생각하느냐에 따라 일어난다.
- 오프라 윈프리

누구에게나 숨겨진 능력과 한없이 발전하는 능력이 있다.
- 손정의

진정한 앎은 자신이 얼마나 모르는지를 아는 것이다.
- 공자

다음 세기를 내다볼 때, 다른 이들에게 능력을 부여하는 사람이
지도자가 될 것이다.
- 빌 게이츠

어려움에 도전하라, 경쟁을 두려워하지 말라.
- 힐러리 클린턴

미래의 가장 좋은 점은 한 번에 하루씩 온다는 것이다.
- 에이브러햄 링컨

우리가 가진 능력보다 진정한 우리를 훨씬 잘 보여주는 것은…
우리의 선택이다.
- 조앤 롤링